AF210225

Zum Glück gibt´s

„Burnout"

FSC
www.fsc.org

MIX

Papier aus ver-
antwortungsvollen
Quellen
Paper from
responsible sources

FSC® C105338

ISBN: 978-3-7693-2724-3

Wichtiger Hinweis für den Leser:

Ich habe alle Sorgfalt walten lassen, um vollständige und akkurate Informationen in diesem Buch zu publizieren. Ich übernehme weder Garantie noch juristische Verantwortung oder irgendeine Haftung für die Nutzung dieser Informationen, für deren Wirtschaftlichkeit oder fehlerfreie Funktion für einen bestimmten Zweck. Das Lesen erfolgt auf eigene Gefahr. Ich hafte ebenso nicht für psychische Schäden oder Konsequenzen durch weltanschauliche oder religiöse Erschütterungen.
Da keine wirklichen Namen und Orte erwähnt oder genannt wurden, kann es auch keine rechtlichen Schritte derer geben, die sich in einigen und wahren Geschichten wieder erkannt haben. Ähnlichkeiten wären rein zufällig und sind rechtlich ausgeschlossen.
Jede Verwendung ohne Zustimmung des Urheberrechts, welches beim Autor liegt, ist unzulässig und strafbar.
Das gilt insbesondere für Vervielfältigung, Mikroverfilmungen und die Einspeicherung und Verarbeitung in elektronischen Systemen.

1. Auflage 2025 nach Vorlage von dem Buch:
Burnout – Die Seele schreit! aus dem Jahr 2010
Das Werk ist urheberrechtlich geschützt.

Umschlag und Grafik: Mikel Marz
Text, Gestaltung, Korrektur: Mikel Marz

Bibliographische Informationen der deutschen Nationalbibliothek
Die Deutsche Nationalbibliothek verzeichnet diese Publikation in der deutschen Nationalbibliografie; detaillierte bibliografische Angaben sind im Internet über http://dnb.dn-b.de abrufbar.

© 2025
Verlag: BoD · Books on Demand GmbH, Überseering 33, 22297 Hamburg, bod@bod.de
Druck: Libri Plureos GmbH, Friedensallee 273, 22763 Hamburg

© Alle Rechte, insbesondere das Recht der Vervielfältigung und Verbreitung sowie der Übersetzung vorbehalten. Kein Teil des Werkes darf in irgendeiner Form (durch Fotokopie, Mikrofilm oder ein anderes Verfahren) ohne schriftliche Genehmigung des Autors reproduziert oder unter Verwendung elektronischer Systeme verarbeitet werden.

2025 Mikel Marz

Liebe Leser,

als langjähriger Burnout-Experte, Berater, Coach und Buchautor beschäftige ich mich seit sehr vielen Jahren mit den Themen Depression, Mobbing, Burnout und den damit oftmals verbundenen Suizidgedanken.

Gerade Krankheiten, die viel mit der Psyche eines Menschen zu tun haben, werden leider heutzutage in unserer Gesellschaft noch sehr geheim gehalten und nach Möglichkeit, oftmals aus Scham, sogar totgeschwiegen.

Wir machen uns leider viel zu häufig mehr Gedanken über das Gerede der Mitmenschen und Nachbarn, als tatsächlich über die eigentliche Schwere von Burnout und psychischen Krankheiten, unter der immer mehr Menschen in unseren eigenen Kreisen betroffen sind. Dabei ist Burnout eine Krankheit wie jede andere auch und niemand muss sich grundsätzlich dafür schämen.

Burnout kann jeden treffen, egal wen, egal wann!

Viele schwer erkrankte Patienten habe ich lange Zeit begleitet und mir zur Aufgabe gemacht, psychische Themen, mit denen leider auch oftmals immer wieder Suizidgedanken auftreten und an der leider auch immer mehr Menschen weltweit plötzlich erkranken, näher zu durchleuchten. Deshalb weiß ich, dass leider auch Burnout ein ganz großer Grund dafür ist, dass Betroffene ihre Probleme nicht mehr verarbeiten *können* oder wollen und Gefahr laufen, damit in eine tiefe Depression zu fallen.

Sie sind plötzlich so sehr eingeschränkt, dass sie in dem normalen Alltagsleben mit erheblichem Kummer und Belastungen leben müssen, sofern sie sich nicht professionelle Hilfe holen und sich von dem ganzen Kummer und Sorgen weitgehendst lösen können.

Vor allem möchte ich aber Ihnen mit diesem Buch aufzeigen, dass Burnout auch sehr oft eine Kopfsache ist und Sie die Chance haben, gesund zu werden, sofern Sie das wirklich wollen!

Ich weiß sehr gut, wovon ich rede und worüber ich schreibe, denn ich habe selbst meine Erfahrungen zu Burnout machen müssen und sage heute auch bewusst, dürfen.

Es gibt inzwischen viele Menschen, die durch mich und meine Bücher wieder richtig gesund geworden sind.

Also können auch SIE das, sofern Sie es wirklich wollen und dem Buch Ihre Chance geben!

Informationen finden Sie auch auf meiner Seite:
www.mikelmarz.de

Ich wünsche Ihnen eine gute, gesunde und starke Zeit!
Herzlichst Ihr

Mikel Marz

Zum Glück gibt´s

„Burnout"

Vorwort oder „Eigentlich"

Ich persönlich empfinde es als großes Glück, dass es das Wort „Burnout" geschafft hat, sich in die Köpfe der Menschen zu manifestieren und allgemein inzwischen sehr offen mit diesem Wort umgegangen wird, obwohl es letztendlich ja nur der Oberbegriff für sehr viele Krankheiten ist und wo ganz oben die Depression steht. Früher wäre fast niemand auf die Idee gekommen, so einfach über psychische Beschwerden zu reden oder sich zu öffnen, wie es heutzutage mit Burnout ist, was schon zu einem regelrechten Modewort geworden ist und dafür können wir alle dankbar sein. Durch diesen ersten kleinen Schritt sich zu öffnen, können insgesamt schon frühzeitig viele Weichen gestellt werden und Fachleute haben in der Regel die Möglichkeit, wesentlich früher und adäquater zu helfen, bevor die vielen psychischen Beschwerden und Belastungen für den Betroffenen zu groß werden.

Dazu kommen auch die vielen quälenden Gedanken, wie mache ich was am besten und allem voran, ob ich selbst eigentlich schon so weit bin, dass ich Hilfe annehmen sollte.

Doch eigentlich ist die Welt für Sie momentan schon grau genug, vielleicht sogar auch schon schwarz und eigentlich können Sie sich insgeheim nicht vorstellen, wie Sie jemals wieder einen klaren Kopf bekommen können.

Eigentlich möchten Sie am liebsten in Ruhe gelassen werden und denken sich insgeheim, irgendwie und irgendwann wird das schon wieder alles gut werden.

Eigentlich hat man Ihnen inzwischen auch schon so viele Informationen zukommen lassen und Ihnen schon so viel erklärt und deshalb wissen Sie eigentlich schon selbst, dass SIE etwas ändern müssen oder sollten, Sie wissen nur noch nicht wie.
Eigentlich merken und fühlen Sie, dass es Ihnen bis ganz oben steht, die Arbeit mit dem Chef und den Kollegen eine reine Katastrophe ist und Sie das alles am liebsten alles hinschmeißen würden.

Eigentlich denken Sie sich, es ist immer alles viel leichter gesagt als getan und Sie selbst haben natürlich auf jeden gutgemeinten Ratschlag sofort eine Antwort, die dann zumindest SIE erst einmal zufriedenstellt.

Eigentlich sind Sie ja zurzeit auch gar nicht gereizt, es nerven Sie ja nur die ständig gutgemeinten Ratschläge von Personen, die sich lieber selbst an die Nase packen sollten.

Eigentlich wissen Sie, dass SIE ja völlig normal sind, nur Ihr Umfeld reagiert völlig übertrieben.

Eigentlich kann Ihnen zurzeit sowieso niemand helfen, denn das schaffen Sie selbst irgendwann alles alleine.

Eigentlich wollen Sie den ganzen Schwachsinn auch gar nicht hören, vor allem, wenn man Ihnen etwas erzählen will, wo von die meisten Mitmenschen doch überhaupt keine Ahnung haben, krank sind dann doch eher andere Menschen, aber doch nicht SIE...

Eigentlich könnte ICH jetzt ein Buch über viele Gefühle, Gründe, Ausflüchte und Ausreden schreiben und es einfach „Eigentlich" nennen, aber stellen SIE sich mal die Frage, warum ich trotzdem lieber über das Thema Burnout schreibe?

Weil ich mich wichtig machen möchte?
Weil ich zurzeit kein besseres Thema weiß, über das ich schreiben sollte?
Weil man mir gesagt hat, ich muss das tun?

NEIN!

Ich schreibe dieses Buch, weil ich über genügend Erfahrungen aus jahrzehntelanger Arbeit mit Betroffenen berichten kann und sogar auch selbst einmal in Ihrer Lage war!

Weil ich genau weiß und erahnen kann, in welchem Tunnel SIE zurzeit stecken und wie wenig Licht Sie sehen und wie wenig Puste Sie da inzwischen haben.

Weil ich schon vielen Menschen helfen konnte und es jetzt auch bei IHNEN schaffen möchte.

Ja, ich weiß was jetzt kommt, so schlimm wie bei Ihnen war es ganz sicher nicht bei mir und schon gar nicht bei den anderen Personen und eigentlich kann ich deshalb ja sowieso nicht wirklich mitreden, zudem ich Sie ja noch nicht einmal kenne.

Okay, wenn dem so sein sollte, dann lasse ich Sie jetzt an dieser Stelle in diesem Glauben, vielleicht sind Sie ja am Ende dieses Buches dann doch etwas schlauer und vor allem, was für mich viel wichtiger ist, informativer sehr viel mehr versorgt, um wieder schneller zu gesunden.

Zumindest könnten Sie es und haben eine realistische Chance, wenn Sie dieses Buch wirklich mit Bedacht lesen und vor allem auch mal andere Sichtweisen zulassen.

Für die eingefleischten Fußballfans ist es doch klar, dass Sie eigentlich auch schon immer eine Fußballmannschaft in der ersten Liga trainieren konnten oder natürlich auch unsere Nationalmannschaft bei der Europa- oder Weltmeisterschaft.

Erinnern Sie sich?

Zumindest haben Sie dabei immer genügend Wissen, welches Sie sehr oft denken oder auch in Ihrem Kreis dann mitteilen.

Eigentlich könnten Sie, wenn es drauf ankäme, auch aus freien Stücken ein Haus bauen, im Grunde genommen wissen Sie ja wie es geht, obwohl Sie jetzt weder Maurer oder Architekt sind.

Eigentlich waren wir es immer gewohnt, unser Leben fest im Griff zu haben und hatten grundsätzlich auf alles eine Antwort parat, allerdings fällt uns das zurzeit immer schwerer.

Eigentlich sind wir immer stark und waren auch auf niemanden angewiesen, warum sollte das ausgerechnet jetzt dann anders sein.

Eigentlich sind auch Sie der Mensch, der sich ungern helfen lässt, aber selbstverständlich für andere Menschen jederzeit da ist, wenn man Sie braucht.

Eigentlich können Sie selbst so vieles und doch schaffen Sie es zurzeit gerade überhaupt nicht. Sie sind einfach demotiviert, haben keine wirkliche Lust etwas zu tun und möchten am liebsten auf eine einsame Insel, wo man Sie einfach mal in Ruhe lässt.

Eigentlich wissen und fühlen Sie selbst, dass Sie doch irgendwie krank sind und eigentlich leider auch in der Lage, dass Sie gerade das jetzt nicht verstehen!

Noch schlimmer ist die Tatsache, dass es innerlich an Ihnen nagt und Sie belastet, vor allem die Frage nach dem „Warum".
Warum SIE?
Warum jetzt?
Dazu belasten Sie unzählige von weiteren Fragen und Gedanken, die sich teilweise sogar schon fest bei Ihnen einbrennen.
Wie geht es weiter?
Was wird aus meiner Arbeit?
Was denken die und was die anderen?
Was sagt der und was die anderen?
Was verliere ich jetzt alles?
Wie schaffe ich es, für meine Mitmenschen stark zu sein?
Was passiert, wenn ich durch meine Schwäche finanzielle Nachteile haben werde?
Wie soll ich das alles auffangen?

Fragen und Gedanken, die so vielfältig sein können und weit auseinandergehen, dass sie wahrscheinlich noch nicht einmal in ein Buch reinpassen würden.

Und doch wissen Sie, wenn Sie nur einmal ganz kurz zu sich selbst ehrlich sind, dass an dem Wort Burnout etwas dran sein muss. Das es der Arzt oder Ihr Umfeld nicht umsonst erwähnt hat und Sie sich insgeheim auch wirklich nicht gut fühlen, auch wenn Sie das zurzeit natürlich niemals in vollen Maßen zugeben würden.

Aus diesem Grund werde ich mich nun mit Ihnen persönlich beschäftigen.

SIE und wirklich immer wieder nur SIE ganz allein werden entscheiden, wie SIE mit dieser Krankheit, wie SIE mit Ihren Beschwerden und mit Ihren Belastungen umgehen wollen und wie SIE auch wieder einen Weg finden können, um erneut in das Leben zurückzukehren, welches Sie letztlich haben möchten.

Grundsätzlich sollten Sie wissen, was Sie wollen und sich nicht in ein Leben reinpressen lassen, in dem Sie sich gar nicht wohlfühlen oder noch schlimmer, welches Sie niemals aus diesem Kreislauf lassen würde und wo Sie auch weiterhin immer leiden müssten.
Ich schreibe das sehr bewusst an dieser Stelle, denn es ist leider viel zu oft der Fall, dass Menschen in einem Leben stecken, in dem Sie nicht glücklich sind. Sie tun es aus so vielen unterschiedlichen Gründen und merken dabei gar nicht, dass ihnen die Zeit verstreicht. Zeit, in der sie wesentlich schöner, glücklicher und zufriedener, aber vor allem auch viel gesünder gelebt hätten, wenn es eben ein einigermaßen normales Leben gewesen wäre.

Was wir jetzt erst einmal unter „normal" verstehen wollen, dass entscheidet ebenfalls jeder für sich selbst und ich werde in diesem Buch noch ein paar Male darauf eingehen.

Ich weiß natürlich, eigentlich glauben Sie nicht daran, dass Ihnen, ausgerechnet IHNEN, ein Buch dabei helfen kann.

Allerdings frage ich mich dann, warum Sie denn jetzt gerade mein Buch in der Hand haben?

Weil Sie immer noch auf der Suche nach Informationen sind?

Weil Sie neugierig sind?

Weil Sie immer noch Hoffnung haben?

Oder weil Sie einfach nur wissen oder gehört haben, dass ich so vielen anderen Menschen auch schon helfen konnte?

Ja, das sind in der Tat unzählige Menschen, die inzwischen allesamt wieder ihr altes Leben bedachter, gesünder und glücklicher Leben können und Sie könnten ebenso dazu gehören, sofern Sie das für sich entscheiden und möchten!

Sie entscheiden sich also ganz alleine für das „warum" und ich verspreche Ihnen, dass Sie ganz sicher nichts bereuen werden, wenn Sie das Buch bis zum Ende gelesen haben.
Egal ob Sie in einem Burnout schon fest drinstecken oder nur die Gefahr sehen, Sie könnte es auch mal treffen, diese vielen Informationen werden Ihnen dabei ganz sicher helfen.

Kein Problem, keine Angst, kein Schmerz, kein Bedenken, kein Burnout lässt sich einfach so in eine

Schiene legen und vergleichen, weil jeder Mensch einfach ganz unterschiedlich ist.
Was für den einen Menschen zu schwer ist, kann für die andere Person unheimlich leicht sein und solche Beispiele könnte ich Ihnen unzählig aufzeigen.

Und genau das ist es auch, was eine psychische Krankheit und dazu gehört ja nun auf jeden Fall auch Burnout, so individuell und unberechenbar machen kann.

Wir alle können jedem Menschen immer nur vor den Kopf schauen und jeder Außenstehende, der Ihnen helfen kann und möchte, benötigt von Ihnen Hundertprozent ehrliche Angaben.
Wenn Sie ehrlich sind, kann Ihnen auch bestimmt geholfen werden.

Deshalb fangen Sie also bitte nicht an, sich mal eben ein paar Kapitel aufzuschlagen und darin zu stöbern, ob Ihnen das Buch vielleicht etwas bringt.
So funktioniert das nämlich grundsätzlich überhaupt nicht und es würde Ihnen mit Sicherheit nichts bringen, denn viele psychische Beschwerden sind nun Mal eine reine Kopfsache und die ganzen Kapitel wurden nicht umsonst so von mir gewählt und geschrieben.

Darum bitte ich Sie nun noch einmal eindringlich, sich dieses Buch langsam und mit Bedacht vorzunehmen. Ich möchte schon mal nicht, dass Sie im Schnellverfahren mal eben alles überfliegen und dann sagen, ich habe dieses Buch gelesen, aber leider auch nicht verstanden.
Sie müssen es bewusst lesen und verstehen und deshalb mein Rat und meine Bitte an Sie, nehmen Sie sich dafür unbedingt die nötige Zeit.

Es ist wie bei einer Bauanleitung für ein kompliziertes Möbelstück. Sie können da auch nicht auf einer x-beliebigen Seite anfangen und müssen sich ständig konzentrieren, dass Sie beim Aufbau nichts falsch machen. Ansonsten haben Sie das Problem, dass Sie Ihr Missgeschick nämlich ständig vor Augen haben oder neu anfangen müssen.

Nichts anderes ist Ihr momentaner Gesundheitszustand und SIE müssen mit Bedacht und Konzentration an die Aufgabe herantreten wollen, gesunden zu können.

Was ist Burnout?

Burnout kommt erst einmal aus dem Englischen und heißt „ausbrennen".
Damit wird inzwischen ein Großteil der Menschen belastet, weil sich die Leistungsfähigkeit entschieden verringert und sich damit die emotionale Erschöpfung breit gemacht hat.

Burnout, wie oft wurde dieses Wort schon verpönt, weil es doch angeblich nur bei den schwachen Menschen auftreten kann. Oder es wurde gefeiert, nach dem Motto, nur wer Burnout gehabt hat, gehört zu den Starken. Wenn Sie mich fragen, beides absoluter Schwachsinn.

Trotzdem sind viele Menschen noch immer in dem Irrglauben, dass ein Burnout den kleinen Arbeitnehmer gar nicht treffen kann und doch leiden inzwischen alle nur denkbaren Schichten und Menschen darunter.

Dabei ist es völlig unerheblich, welchen Beruf ein Betroffener ausübt, ein Burnout kann jeden treffen, auch die Hausfrau, den Schüler oder den Rentner. Es ist das Resultat eines Prozesses, der sich aus etlichen Situationen zusammensetzt.
So individuell wie die Auslöser sind, so vielfältig gibt es auch die Gründe dafür. Ganz sicher ist aber, dass Stress, starke körperliche und / oder psychische Belastungen die häufigsten Auslöser sind.

Plötzlich sind wir ausgebrannt, müde, genervt, kraftlos, gereizt, aggressiv und nicht mehr fähig, das Leben zu führen, was uns bisher doch eigentlich immer gut von der Hand ging.

Doch was ist passiert?

Anfangs versuchten wir uns immer mehr selbst zu beweisen, dass wir noch alles können, uns nicht verändert haben und nehmen dabei gar nicht mehr wahr, dass wir uns doch in einen immer höheren und stärkeren Leistungszwang beruflich, aber auch privat befinden.

Betroffene wollen nämlich meist alles nur noch selber machen und tun sich sehr schwer damit, diverse Arbeiten auch mal zu delegieren, weil sie innerlich schon Angst haben, sie wären damit dann ersetzbar oder andere würden diese Arbeit einfach wesentlich besser erledigen, als sie selbst.

Wir klammern uns plötzlich regelrecht an Aufgaben und stellen unsere persönlichen Bedürfnisse weitgehend nach hinten. Dabei vernachlässigen wir nicht selten auch unsere Freunde und die Familie, ohne dass es uns selbst bewusst wird.
Unkonzentriertheit, aber auch Vergesslichkeit macht sich breit und sorgt schließlich dafür, dass sich immer mehr Fehler in den Alltag einschleichen, die sich aber niemand unter keinen Umständen eingestehen möchte. Es kann sogar sehr oft passieren, dass eine gewisse Zerstreutheit bei Betroffenen aufkommt und uns in den wesentlichen Grundbedingungen einschränkt. Häufig passiert es dann auch, dass Betroffene ihre Termine vergessen oder verwechselt haben oder dadurch immer öfter unpünktlich wurden. Vermehrt leiden wir unter stetiger Müdigkeit, nicht selten steigen die Migräneanfälle und auch weitere körperliche Beschwerden sind plötzlich keine Seltenheit mehr.

Das Naturell eines Menschen ist auch, dass Scham besonders weh tut. Je mehr Fehler gemacht werden, desto öfter leiden wir dann unter diesem Gefühl, dass uns zusätzlich noch mehr emotional abstumpfen lässt. Selbstbewusstsein ist nur noch ein Fremdwort und viele Menschen scheuen von nun an Gespräche, weil wir uns schämen und unser Selbstwertgefühl einfach nicht mehr vorhanden ist.

Und hier ist es besonders wichtig, dass man nie vergessen sollte, wer man ist und welche Stärken jeder Mensch hat! Fast alle Patienten haben leider ein ganz schlechtes Selbstwertgefühl, dazu ein noch viel schlechteres Selbstvertrauen und von einem Selbstbewusstsein brauchen wir schon gar nicht mehr zu reden.
Somit ist es natürlich klar, dass von nun an alles über uns hineinbrechen kann, denn wir haben jeglichen Schutz verloren und nicht selten leider auch selbst aufgegeben.

Unsere sozialen Kontakte und Verpflichtungen werden nun immer häufiger als Belastung empfunden und manch einer möchte von früheren Zielen und Bedürfnissen überhaupt nichts mehr wissen.

Noch schlimmer ist aber, dieses Verdrängen wird meist automatisch zur Gewohnheit und fängt an, uns immer mehr zu isolieren. Spricht dann jemand genau diese Veränderung an, reagiert ein Betroffener oftmals sehr gereizt, nicht selten auch aggressiv und zynisch noch dazu.
Einen Betroffenen tangiert das meist schon lange nicht mehr, denn dieser ist nur noch lustlos, ohne jeglichen Antrieb und in irgendwelchen Gedanken versunken.
Leider aber auch sehr häufig schon bei sehr ernsten Überlegungen, die dann noch zusätzlich extrem belasten und dabei rede ich jetzt offen über die existenziellen Ängste bis hin zu den Suizidgedanken.

Spätestens ab diesem Zeitpunkt passiert es dann nicht selten, dass verschiedene Welten aufeinandertreffen und es zum Eklat kommt.
Verständlich, denn das Umfeld weiß doch meistens gar nicht, was wirklich mit jemanden los ist und wie soll man dann für solche dauerhaften und vor allem belastenden Situationen und Reaktionen noch Verständnis aufbringen.

Die Folge ist mehr als klar, denn in vielen Fällen trennt man sich plötzlich voneinander, egal ob es geschäftlich oder privat ist. In einigen Fällen sogar nur deshalb, um sich oder den Betroffenen selbst zu schützen.

Dabei stütze ich persönlich die feste These, dass viele Schwierigkeiten und Spannungen komplett vermeidbar wären, wenn wir einfach nur die einfachste Sache der Welt beherzigen könnten und uns offen und ehrlich einander mitteilen würden.

Immer wieder frage ich Betroffene, warum sie sich denn nicht einmal mitgeteilt haben und die Antworten sind so traurig und machen mich immer wieder nachdenklich.

Die häufigste Antwort ist nämlich das Schamgefühl.

Hand aufs Herz und ich frage Sie persönlich, warum kann ein Schamgefühl der Grund dafür sein, dass wir uns plötzlich auf so viele Schwierigkeiten einlassen und das alles mit uns selbst ausmachen wollen? Zumal wir dabei zunehmend realisieren, dass wir es selbst gar nicht mehr schaffen und uns damit nur noch tiefer in den Abgrund bewegen.

Meine Antwort dazu lautet, weil wir es gewohnt sind, nur von hier bis dort zu denken und viel zu oft dabei nicht die Folgen bedenken.

Ich möchte Ihnen dazu gerne ein paar Beispiele erläutern:

Eine Friseurin, die sehr auf ihre Arbeitsstelle und das damit verbundene Gehalt angewiesen war, verlor plötzlich und unerwartet ihren Job, für den sie sich eine lange Zeit sehr stark engagiert und aufgeopfert hatte. Zukunftsängste, Geldsorgen und viele andere Bedenken machten sich neben vielen anderen kleinen privaten Sorgen breit und lähmten sie regelrecht, ihren Alltag zu organisieren.
Jeden Tag stand sie nur noch neben sich und war im Begriff, sich selbst völlig aufzugeben. Noch schlimmer aber, sie bekam plötzlich so viele Selbstzweifel, dass sie nur noch gereizt war und ihr Umfeld völlig vergraulte.
Immer häufiger verfluchte sie ihr Leben, ihren Mann und die Tatsache, dass sie sehr weit abgeschieden ein Haus gekauft hatten, was nun auch weiterhin abbezahlt werden musste, obwohl ihre Einnahmen fehlten.
Irgendwann kam dann das, was logischerweise kommen musste und der Partner stellte sie vor die Wahl.
Entweder, sie sollte sich externe Hilfe holen oder er würde sie auf jeden Fall verlassen, denn er selbst war mittlerweile nervlich und mit seinem Latein am Ende.

Egal, ob wir es nun Zufall oder Schicksal nennen möchten, irgendwann saß die Frau wie ein Häufchen Elend vor mir und bat mich um Rat und Hilfe.

Ich führte intensive Gespräche mit ihr und sorgte vor allem auch dafür, dass sie sich noch zusätzlich in die Hände eines Facharztes begab.

Bereits nach vier Wochen war diese Frau schon wieder so stabilisiert, dass sie wieder anfing der Typ Mensch zu sein, den ihr Umfeld und in erster Linie der eigene Mann kannten und liebte.

Gemeinsam konnten wir nämlich ihr ganzes Leben situationsbedingt analysieren und etliche Blockaden lösen.

Das Allerwichtigste aber war, wir fanden gemeinsam einen relativ einfachen Weg, dass sie auch ihren Beruf wieder ausüben konnte und damit die derzeit doch so belastenden Geldsorgen aus dem Weg räumen konnte.

Heute ist sie immer noch als Haus- und Hoffriseurin selbstständig, kann sich ihre Termine nach dem Privatleben einrichten und verdient abzüglich der Steuern wesentlich mehr Geld als vorher. Sie führt nach eigenen Angaben wieder ein richtiges glückliches Leben und hat aus dieser schlimmen Zeit viel gelernt und vor allem auch mitgenommen. Und sie geht auch heute noch in regelmäßigen Abständen zu ihren Ärzten, aus Vorsorge und vor allem zur Sicherheit!

In einem anderen Fall verlor ein Verkäufer seine Tätigkeit, weil seine Firma Insolvenz anmelden musste. Viele Jahre war es der Mann gewohnt, im Anzug zu seiner Arbeit zu gehen und war Zuhause der alleinige Hauptverdiener.

Auch bei ihm waren fast die gleichen Bedingungen und in seinem Umfeld und Umkreis hatte er wohl kaum eine Chance auf eine neue Tätigkeit.

Doch nach einigen Gesprächen gab auch er nicht auf und hat relativ schnell eine neue Tätigkeit gefunden, die ihn nun schon wieder seit Jahren zufriedenstellt.

Das waren nur zwei Beispiele von wirklich ganz vielen und eigentlich sollen sie uns nur aufzeigen, dass es **immer** eine Alternative gibt, wenn wir das wollen und wir dafür bereit sind.

Ich kann und werde das nicht entscheiden, aber SIE!

Allerdings hatte ich mich selbst damals auch entschieden, als ich in Ihrer Lage war und darum kann ich eben auch so wunderbar mitreden.
Aus diesem Grund weiß ich nämlich sehr genau, wann SIE Ihre Augen weit aufreißen, Ihre Stirn runzeln und sich Ihre zweifelhaften Gedanken machen, wenn Sie manche Passagen hier lesen!

Da wo SIE jetzt sind, da war auch ich einmal und wer weiß, vielleicht sogar noch sehr viel tiefer.
Allerdings betone ich hier ganz klar das Wort „war"!
Denken Sie deshalb jetzt bitte nicht, das waren mal eben ein paar Einzelfälle, denn das waren sie ganz sicher nicht.
Warum müssen wir erst vor dem Scherbenhaufen stehen, um zu begreifen, dass wir alles und ich meine ganz sicher alles, schon längst vorher hätten besser regeln können.

Gute Beispiele sind auch immer die Menschen, die in Rente gehen und ihr ganzes Leben für die Arbeit gelebt haben. Hobbys oder andere Freizeitaktivitäten wurden stets nach hinten gestellt, weil die Arbeit einfach wichtiger war. Allerdings wusste jeder auch, wann er in Rente geht und kann nun mit einem Mal nicht begreifen, was er eigentlich zuhause soll und was er nun mit sich selbst anfangen kann. Dabei gibt es dann tatsächlich Menschen, die das Gefühl bekommen, von nun an völlig überflüssig zu sein und die plötzlich keinen Lebenswillen mehr entwickeln und sich damit nur noch selbst belasten und das Leben erschweren.

Eines ist doch nun mal klar, Burnout hat sehr viel damit zu tun, wie ein Mensch sich fühlt, wie es ihm seelisch geht und welche Belastungen auf ihn hereinbrechen und was sie für eine Wirkung zeigen.

Bekanntlich wird es an solch einer Stelle auch wieder einige Menschen geben, die jetzt die Augenbrauen hochgezogen haben und sich sagen, dass hört sich alles so übertrieben an, doch das ist es ganz sicherlich nicht und ich weiß genau, wovon ich rede.
Über das Thema Burnout gibt es viele Berichte, Bücher, Vorträge und vieles mehr und doch weiß ich, nichts ist genauer, als der Bericht von Menschen, die wirklich unter Burnout gelitten haben, die den Weg wieder in das normale Leben fanden und heute offen zugeben können, was sie auch damals alles falsch gemacht haben.

Ich gehöre ganz sicher dazu und darum kann ich mich auch so explizit über dieses Thema auslassen.
Dazu kommt, dass ich inzwischen für viele Menschen ein kompetenter Seelsorger geworden bin und auch deshalb von vielen Erfahrungen reden und berichten kann.

Gerade darum kenne auch ich die Belastung, wenn Menschen sich selbst einen viel zu hohen Erfolgsdruck auferlegt haben. Wenn jeder in dieser Phase glaubt, wir müssten perfekt sein und jeder nun sein ganzes Leben danach auslegen will.

Aber lassen Sie sich sagen, es gibt keine Perfektion, schon gar nicht bei uns Menschen!

Ich war da eine Zeitlang auch nicht besser und weiß noch, wie ich ständig versucht habe, alle Aufgaben nur noch an mich zu reißen, weil nur noch ich alles selber machen wollte.

Es entwickelte sich ein Übereifer, der ausgeprägt durch einen falschen Perfektionismus, menschlich gar nicht machbar war und doch setzte auch bei mir eine große Blindheit ein, die den Realismus völlig ausschaltete.

Wenn ich mir heute darüber detailliert Gedanken mache, dann ist natürlich verständlich, dass ich in dieser Zeit auch nur eine falsche Reaktion auf das gezeigt habe, was mitbelastend war, denn zum Burnout gehören viele Ursachen.

Gesellschaftliche Veränderungen

Eine Ursache zum Burnout kann nämlich unter anderem auch eine gesellschaftliche Veränderung sein und diese Ursache ist leider in den meisten Köpfen unserer Zeit vertreten.
Was die einen als Wertewandel in Bezug auf die Familie anführen, das bezeichne ich gerne als zwanghaftes Leben, was sich jeder einzelne selbst ausgesucht hat.
Ich weiß, das hört sich jetzt sehr hart an, aber ich möchte Ihnen das natürlich auch erklären.

Es ist ja nun wirklich kein Geheimnis mehr, dass wir Deutschen den Ruf besitzen, sehr materiell eingestellt zu sein. Wir möchten glänzen und uns einiges leisten, auch wenn viele Menschen das schon nicht mehr für sich selbst, sondern häufig für ihre Mitmenschen tun.
Es ist zum Beispiel erwiesen, dass sich die Mehrheit ein Auto nicht nach persönlichen Wünschen allein anschafft, sondern beim Kauf eines Neuwagens auch das Image bedenkt. Man möchte positiv auf den neuen Erwerb angesprochen werden und sich nicht noch rechtfertigen müssen, denn das können in der Tat nur die Menschen unter uns, die ein ganz großes Selbstvertrauen und Selbstbewusstsein besitzen, worauf ich aber noch kommen werde.
Wenn Sie mir das jetzt hier nicht glauben möchten, dann fragen Sie doch mal einen Autoverkäufer oder Bankberater, der meistens die Kreditanträge bearbeitet, was Kunden so alles anführen, wenn es um solche Kaufentscheidungen geht.

Überhaupt ist unsere Konsumsucht wahnsinnig gestiegen und uns wird durch die vielen Werbungen so viel gezeigt, was wir angeblich alles noch brauchen und was für uns alles so wichtig ist. Dabei spielt auch die Technik eine übergeordnete Rolle, denn die Fernseher werden immer größer und jedes Smartphone ist inzwischen schon ein tragbarer Computer, mit dem viele Menschen schon den gesamten Alltag bestreiten.

Ein weiterer Punkt ist oftmals auch der Wunsch nach den eigenen vier Wänden. Plötzlich wird die Miete immer höher oder die alte Mietswohnung passt für uns nicht mehr oder die Kosten sind einfach insgesamt dermaßen gestiegen, dass wir uns nun mit einer neuen Belastung auseinandersetzen wollen oder nicht selten sogar auch müssen.

Selbst dieser Punkt bringt häufig Stirnrunzeln mit sich, weil man bei diesem Beispiel sehr oft gar nicht die Problematik erkennen möchte. Im Gegenteil, ich bekomme häufig immer die Antwort, dass es doch egal sei, ob man nun Miete oder Abtrag bezahlen würde, zumal bei einem Immobilienkauf ja ständig zusätzlich diverse Kosten entstehen.

Leider sieht die Realität aber doch hinterher ganz anders aus und der Abtrag, mit allen anderen Kosten gerechnet, unterschied sich gar nicht allzu sehr zur vorherigen Miete. Denn dazu kommen dann ja Nebenabgaben der verschiedensten Sorte, die ein Hausbesitzer nun plötzlich auch allein tragen muss.

Ich weiß, das wissen Sie längst schon alles selber und doch passiert es eben leider immer wieder, dass neue

Immobilienbesitzer sich plötzlich wundern, warum sie mit ihrem Geld nun nicht mehr zurechtkommen.

Gerade in der heutigen Zeit, in der die Mieten sündhaft teuer geworden sind, Immobilien aber ebenfalls einen bestimmten Wert erreicht haben und teilweise je nach Lage unwahrscheinlich teuer zu erwerben sind, werden trotzdem viele zu solch einem Kauf gelockt und erfreuen sich dann an der neuen Unabhängigkeit.

Natürlich gibt es auch etliche Personen, die wirklich alles gut errechnet haben und dann doch in Schieflage geraten, wenn nämlich plötzlich etwas kaputt geht, was dann unter Umständen richtig ins Geld gehen kann.

Eigentlich habe ich jetzt wieder nur zwei Beispiele von unzähligen Anschaffungen erläutert, die in der Rangliste ganz oben stehen.

Fakt ist aber auch, dass gerade Geldprobleme ein großer Garant für psychische Beschwerden werden und leider ist es auch die Norm, dass auch hier ein Großteil von Menschen darüber nicht reden kann oder möchte.

Und genau hier komme ich mit meiner Aussage über das zwanghafte Leben wieder ins Spiel, denn genügend Menschen legen sich selbst einen Zwang auf, den sie sich nicht auflegen mussten.

Warum höre ich sehr häufig von verschiedenen Personen, dass sie früher noch so glücklich gewesen waren, als diese ganzen Geldprobleme noch nicht da gewesen sind?

Doch wer hat sie denn verursacht? Und warum? Und vor allem, warum konnten wir uns denn nicht schon früher offenbaren und müssen erst warten, bis das Kind in den Brunnen gefallen ist und dann der nette Schuldenberater wieder raus aus den Schulden helfen soll?

28

Ich kann es Ihnen sagen, weil die Mehrheit der Menschheit ein sehr großes Schamgefühl besitzt und lieber jede Woche den Lottoschein ausfüllt, in der Hoffnung, endlich den ersehnten Gewinn zu erzielen. Es muss dann in der Tageszeitung nur noch im Horoskop stehen, dass Sie mal wieder einen Lottoschein ausfüllen sollten und fast ein jeder gehorcht.

Warum gehorcht also keiner, wenn ich sage, gehen Sie doch mal zu Ihrer Bank und besuchen Sie doch mal Ihren Kundenberater?
Sie könnten doch mal mit ihm in aller Ruhe bereden und abwägen, ob es eine Möglichkeit gibt, die Finanzen zu ordnen und unter Umständen auch für Sie angenehmer zu gestalten?
Ich weiß, dieser Vorschlag findet natürlich nicht bei jedem Menschen Gehör, denn da war es ja wieder, dieses Schamgefühl.

Das Naturell, sich zu schämen, ist wirklich besonders groß geworden und ich frage immer wieder, warum? Schämen können Sie sich, wenn Sie einen Menschen anlügen und ihm etwas vormachen. Doch einen Fehler oder eben eine Niederlage mal zuzugeben oder einfach geordneter sein Leben auszurichten, hat noch lange nichts mit Scham zu tun.

Nichts ist im Leben wirklich einfach und alles erfordert einen festen Willen. Doch es gibt immer nur zwei Möglichkeiten: Entweder ich akzeptiere mein Leben so, wie es jetzt zurzeit ist, was natürlich der schlechteste Weg wäre oder ich möchte es ändern, dann muss ich allerdings etwas dafür tun und ich möchte Ihnen dabei sehr gerne helfen.

Wichtigster Grundsatz ist und bleibt die Ehrlichkeit!

Ohne Ehrlichkeit wird nichts funktionieren, was auf
Dauer halten und gut werden soll!
Um ehrlich zu sein, haben Sie auch gar keinen Grund zu
lügen oder unehrlich zu sein. Sagen Sie, was Sie belastet,
teilen Sie sich mit, erzählen Sie Ihre Sorgen, Kummer,
Belastungen, Probleme und Ängste und wer nicht
zuhören will oder Sie nicht ernst nehmen will, den sollten
Sie vielleicht aus Ihrem Zug des Lebens zum Aussteigen
bitten, egal um wen es sich dabei handelt.

Besinnen Sie sich darauf, wer Sie selbst eigentlich sind!

Kommen Sie jetzt nicht mit den Gedanken, dass Sie
nichts wert sind oder nichts können, denn das ist auf
jeden Fall grundlegend falsch!

Jeder Mensch hat seine Stärken und natürlich auch seine
Schwächen, jeder Mensch, aber es liegt dabei an Ihnen
aufzuzeigen, welche Stärken Sie haben und sich diese
nicht kleinreden lassen.
Vielleicht grübeln Sie jetzt schon und werden an den
Punkt kommen, wo Sie mich am liebsten kontaktieren
würden, um mir dann zu sagen, dass ich mich geirrt habe,
weil Sie ja die eine Person sind, die tatsächlich keine
Stärken hat.

Doch ich kann Ihnen versichern, wenn Sie sich nur
einmal richtig bewusst machen, wer Sie sind und was Sie
sind, dann werden Sie selbst auf einige Stärken kommen.

Vielleicht können Sie gut backen oder haben ein anderes
Geschick, was eine andere Person nicht kann, dann haben

Sie schon etwas gefunden. Vielleicht ist es aber auch einfach Ihre ganz persönliche Art, Ihr Charakter, Ihre Gutmütigkeit oder Ihre Hilfsbereitschaft. Glauben Sie mir, wenn Sie ehrlich zu sich selbst sind, wird es Stärken geben, die Sie haben und die andere eben nicht besitzen. Nur müssen Sie sich das auch bewusst machen und nicht glauben, so wie Sie sind ist es doch logisch und eine Selbstverständlichkeit. Nein, dass ist es ganz sicher nicht und nichts im Leben ist selbstverständlich.

Es ist verdammt wichtig zu erkennen, dass wir als Menschen wertvoll sind und uns nicht für andere klein machen müssen, nur weil das manchmal Bedingungen und Handlungen von anderen Leuten in unserem Umfeld sind. Und dabei ist es auch völlig egal, ob wir das im Berufsleben erfahren oder auch im privaten Bereich, was noch viel trauriger wäre.

Lernen Sie „NEIN" zu sagen, das ist verdammt wichtig, denn Ja-Sager haben wir in der Regel viel zu viele und damit kann niemand im Leben glücklich werden. Ein herzliches „Nein", ist auch ein gesundes „Ja" zu sich selbst. Viele Menschen scheuen sich davor, anderen etwas abzulehnen, weil sie denken, diese Menschen würden sich dann abwenden oder sauer oder enttäuscht sein. Wenn dem so ist, dann wird es höchste Zeit, denn Menschen mit einem derartigen Charakter brauchen wir nicht. Viel wichtiger ist es, auch mal an sich zu denken und wenn es mir nicht gut geht oder mir eine Anfrage partout nicht passt, aus welchen Gründen auch immer, dann darf man sehr wohl auch mal etwas ablehnen und selbst das kann jeder freundlich verpacken und wird mit hoher Wahrscheinlichkeit dann auch akzeptiert.

Leider erkennt man meist viel zu spät, dass man immer für andere da gewesen ist, alles gemacht hat und nicht selten dafür dann doch eine Art von Undankbarkeit erhalten hat. Das ist sicher nicht immer der Fall, dennoch passiert es sehr häufig.

Sie selbst müssen abwägen, ob es Ihnen persönlich dabei gut geht oder nicht. Grundsätzlich sollten wir nichts tun, was uns noch zusätzlich belastet oder runterzieht. Auch hier hat es viel mit unserem Selbstbewusstsein zu tun, was ständig von uns auf Höchststand gebracht werden sollte. Nicht selten habe ich von Patienten gehört, dass sie bei einer Ablehnung befürchten, hinterher abgelehnt zu werden oder jemand dann böse auf einen wäre.

Nun, wenn das so ist, dann ist es höchste Zeit die Spreu vom Weizen zu trennen und sich zu hinterfragen, was will ich eigentlich von solchen Menschen. Und es ist völlig egal, bei wem es sich dabei handelt, ob es nur Bekannte oder Freunde sind oder sogar jemand aus der Familie.

Lassen Sie mich bitte eines dazu erklären. In meiner aktiven und langjährigen Zeit mit Patienten habe ich dermaßen viele Geschichten zu hören bekommen, dass mich heute weder etwas wundert, noch erschreckt. Gier, Neid, Betrug und vor allem emotionale Erniedrigungen, egal welcher Art, machen auch innerhalb von Familien keinen Halt und ich habe sehr viele Menschen begleitet, die wirklich erst dann wieder richtig glücklich werden konnten, nachdem sie sich endlich von verschiedenen Familienmitgliedern losgesagt hatten. Von daher muss jeder Betroffene für sich ganz allein entscheiden, welche Person tatsächlich guttut und von wem man sich am besten distanzieren sollte. Verstehen Sie mich also bitte nicht falsch und denken, dass wir nun all unsere Mitmenschen zum Teufel jagen sollten, so ist es sicherlich nicht gemeint. Dennoch wird jeder selbst in die Denke gehen können und wird für sich selbst wissen, wer es gut mit uns meint oder wer uns halt ständig herunterzieht. Fakt ist, das Leben ist zu kurz, um es jedem recht machen zu wollen und letztendlich ist das auch eine Sache, die wir ohnehin niemals schaffen würden.

Ich persönlich beschreibe es immer so, dass wir in dem Zug unseres Lebens unser eigener Lokführer sind und wir entscheiden für uns selbst, wer in diesem Zug mitfahren darf.

Burnout und die Arbeit!

Keine Frage, der Beruf, die Arbeit oder auch nur der Berufseinstieg können natürlich ebenfalls der Auslöser eines möglichen Burnout-Syndroms werden.

Anfangen möchte ich zunächst mit dem Wechsel einer Arbeitsstelle, dem Berufseinstieg oder auch nur mit dem Wechsel eines Vorgesetzten.

In vielen Fällen ist es nun wieder da, dieses Schamgefühl, was wir als Menschen nie zugeben werden, wollen und trotzdem insgeheim leider zugeben müssen, dass es doch vorhanden ist.

Selbst wenn wir vielleicht in vielen Dingen des Lebens doch als sehr selbstbewusst gelten, so machen wir uns das Leben bei diesen genannten Beispielen schon oft unnötig schwer.

Sie kennen bestimmt noch diesen Spruch:
„Die Suppe wird grundsätzlich immer heißer gekocht, als sie gegessen wird!"

Daran hat sich bis heute nichts geändert und doch belasten wir uns immer wieder mit quälenden Gedanken, die uns gnadenlos den Schlaf rauben und sich zu einem späteren Zeitpunkt dann doch sehr häufig als völlig grundlos rausgestellt haben.

Es scheint ein Naturell zu sein, dass sich ein mancher Betroffene plötzlich nichts mehr zutraut oder ohne Grund anfängt, an sich selbst zu zweifeln, weil eben das nötige Selbstbewusstsein und auch das Selbstvertrauen völlig im Keller sind.

Ich selbst erinnere mich gerne an meine Anfangszeit in einem großen Unternehmen. Eigentlich hatte ich immer den Ruf besessen, dass ich ausgesprochen gut mit Mitarbeitern umgehen konnte und auch beliebt war. Trotzdem war ich aber auch ein Mensch, der gerne die Vorgaben eines Unternehmens annehmbar erhöhte, um eben letztendlich einen höheren Erfolg für das Unternehmen zu erzielen.

Solche Veränderungen brachten zwangsläufig auch bedingt Situationen mit sich, wo es natürlich gelegentlich mal knallharte Entscheidungen zu fällen gab und dabei sicherlich der ein oder andere Mitarbeiter auf der Strecke blieb, der sich dazu entschieden hatte, den Weg nicht mitzugehen oder eben die Vorgaben nicht mitzumachen.

Eines Tages bekam ich einen neuen Standort zugewiesen und war im Vorfeld über die Tatsache sehr erstaunt, dass gleich elf Mitarbeiter ihre Kündigung abgegeben hatten, ohne mich auch nur im Geringsten persönlich zu kennen oder jemals auch nur ein einziges Wort mit mir geredet zu haben.

Als diese Leute dann etwas später von ihren ehemaligen Kollegen hörten, wie schön und entspannt doch nun alles letztendlich geworden war, wollten natürlich auch diese „Abtrünnigen" wiederkommen, was ich dann aber nicht wollte.

Damit möchte ich nur aufzeigen, dass wir uns häufig mit Fragen belasten, ohne die eigentliche Antwort zu kennen. Wir leben lieber von Vermutungen, als den Zeitpunkt abzuwarten und uns dann mit der gegenwärtigen Lage wirklich und real zu beschäftigen.

Das gilt im Übrigen sowieso sinnbildlich für sehr viele Lebensabschnitte.

Und ich muss an dieser Stelle auch den Führungskräften etwas mit auf den Weg geben, denn das kenne ich noch sehr gut aus meiner Zeit und habe es nie vergessen.
Das Leben ist sicherlich kein Zuckerschlecken und fordert viel von den jeweiligen Kollegen oder den einzelnen Mitarbeitern ab. Allein schon aus diesem Grund ist es für unser aller Wohlbefinden unerlässlich, dass wir stets mal die Menschen loben, die ständig für uns etwas tun!
Sie haben richtig gehört, l o b e n!

Nichts, aber auch wirklich gar nichts ist im Leben selbstverständlich und es gehört einfach zur guten Schule, sich regelmäßig zu bedanken. Das ist im Berufsleben, vor allem wenn wir Erfolg haben wollen genauso wichtig, wie auch im Privatleben.
Ich weiß, dass es leider auch an dieser Stelle genügend Personen gibt, die glauben, mit dem Lohn oder Gehalt sei der Dank schon ausreichend abgegolten.

Lassen Sie mich dazu ganz klar sagen, Gefühle lassen sich nicht kaufen!

Menschen arbeiten auch mit Emotionen und fehlendes Lob und mangelnde Anerkennung können Mitarbeiter krank machen und können somit auch zum Burnout führen.

Hierzu biete ich ein eigens darauf ausgerichtetes Seminar an, was jeder Führungskraft aufzeigt, wie man am besten mit Mitarbeitern umgeht und den Erfolg steigern kann. Bei Interesse, schauen Sie einfach mal auf meine Seite.

Ein weiterer Grund, der nicht unwesentlich ist, ist selbstverständlich auch die gesamte Verschlechterung der

Wirtschaftslage und es ist nicht von der Hand zu weisen, dass auch durch diesen Umstand schon viele Menschen erkrankt sind.

Denken Sie nur mal zurück an den Einzelhandel und die damit verbundenen Öffnungszeiten.
Früher waren die Läden noch nicht so lange auf wie heute und am Samstagmittag wurde damals noch ein Wochenende eingeläutet. Heute ist es nicht selten, dass die Geschäfte bis spät in die Nacht und in sehr vielen Branchen schon sieben Tage geöffnet haben.
Dadurch hat sich natürlich auch unser Sozialverhalten grundlegend und wesentlich ge- und verändert.

Die Arbeitsbedingungen haben sich einfach in vielen Betrieben wesentlich verschlechtert, einige Arbeitsstellen wurden auch aufgrund der hohen Lohnkosten und der gesunkenen Umsätze abgebaut und es gibt es genügend Arbeitsbereiche, in denen die Last und die Aufgaben auf die noch verblieben Mitarbeiter verteilt wurden.
Dazu kommen dann noch die unbequemen Arbeitszeiten, die wiederum in vielen Berufen leider schon fast menschenunwürdig geworden sind.

Das alles hat der Mensch einfach so hinnehmen müssen und wurde dazu in den seltensten Fällen gefragt. Die Masse hat einfach nur Angst vor der Arbeitslosigkeit und nickt dazu wie ein Sklave, weil heutzutage jeder auf sein Gehalt angewiesen ist, um überhaupt alle Kosten tragen zu können. Mieten und Lebensmittel, sind wie viele andere Kosten auch, immens gestiegen und viele unter uns fragen sich jeden Tag, wie sie das in Zukunft noch alles schaffen können.

Die Produktionszahlen wurden in manchen Firmen so stark erhöht, dass sich ein Außenstehender doch manchmal fragen muss, was haben denn die Arbeiter früher getan und wofür wurden sie damals bezahlt?

Ich kenne einen Betrieb, in dem die Anordnung herrscht, dass Privatgespräche jeglicher Art mit der Kündigung bestraft werden.

Für mich persönlich absolut unverständlich, denn es dient doch jeder Firma, wenn Angestellte glücklich sind und dazu gehört logischerweise auch mal ein privates Wort. Sicher darf die Arbeit oder die Produktion nicht darunter leiden, aber erst einmal zu wissen, dass man sich nichts untereinander sagen darf, wird die Produktion sicherlich nicht im Geringsten erhöhen.

Schlimm ist dann nämlich leider auch die Tatsache, dass mit angrenzender Wahrscheinlichkeit solche Mitarbeiter nicht hinter der Firma stehen und somit auch nichts nach außen repräsentieren werden. Zudem sind ständige Krankheitskosten auf dem Höchststand und auch hier kann es so dramatisch werden, dass Mitarbeiter traumatisiert und dauerhaft krank werden können.

Und doch ist es leider schon fast Normalität geworden, dass nur noch irgendwelche Zahlen, die Effektivität und der damit verbundene Umsatz den Alltag bestimmen. Der Mensch, eigentlich sowieso das Wertvollste, was ein Unternehmen vorzuweisen hat, wird dabei oftmals vergessen und behandelt, als wenn die Sklaverei wieder zugelassen und eingeführt wurde.

„Müller, Meier, Schulze, kommen sie mal her..." wird in einigen Betrieben und Firmen ein Mensch tituliert, ohne die übliche Anrede und ohne ein so wichtiges „Bitte", mit einem angenehmen Ton dazu.

38

Wo bleibt also eigentlich das tägliche *„Dankeschön"* für den Mitarbeiter, der sich selbst dazu entschieden hat, für ein Unternehmen oder eine Firma zu arbeiten?

Noch einmal, nichts im Leben ist selbstverständlich und sicherlich gibt es auch mal Tage, an denen wir uns alle ärgern, aber solange Menschen noch arbeiten, solange werden sie auch noch Fehler machen, denn ohne Fehler kann das Leben nicht funktionieren und das müssen viele Menschen einfach noch lernen.

Jeder Mensch verdient einfach Respekt und es ist eine absolute Respektlosigkeit, eine andere Person nicht wertzuschätzen.
Dieses Recht hat kein Vorgesetzter und würde nur bestätigen, dass man in der Kinderstube doch einiges vergessen hat zu lernen oder man tatsächlich so tief in der Misere steckt, dass man selbst dringend Hilfe benötigt.

„Mensch sein, Mensch bleiben…" by Mikel Marz

Egal wie, wir sind alle Menschen und wir sollten uns gegenseitig auch so behandeln. Ansonsten kann auch sehr schnell der Verdacht auftreten, dass man den ein oder anderen Mitarbeiter oder Kollegen mobben möchte und das kann dann doch sehr teuer werden.

Mobbing ist nämlich die unterste Schublade, inzwischen leider weit verbreitet und daher kann ich nur warnen, Mobbing ist kein Kavaliersdelikt und wird zum Glück mittlerweile hart bestraft.

Mobbing ist ebenfalls ein großer Grund dafür, warum Burnout sich so sehr verbreitet hat. Ich habe zu diesem sehr speziellen Thema ein gesondertes Buch geschrieben, was Ihnen auch aufzeigen kann, wie gefährlich Mobbing ist und was ein einzelner dagegen tun kann.

„Wenn die Seele zerbricht...“ – Ausführliche Informationen zu diesem Werk erhalten Sie selbstverständlich noch am Ende dieses Buches.

Wenn Sie das Gefühl haben oder bereits wissen, dass Mobbing die eigentliche Ursache für Ihr Burnout ist, dann sind Sie schon ganz schön weit und können oder sollten dagegen auch etwas unternehmen.
Ich selbst kenne dazu einen der besten überregionalen Fachanwälte, der Mobbing knallhart vertritt und kann Ihnen auf Wunsch auch gerne persönlich die Adresse mitteilen.

Wichtig ist aber, dass Sie sich baldigst davon lösen und auch hier sorgt meine Aussage immer wieder zunächst für Unverständnis.
Es ist wirklich immer die gleiche Reaktion und ein jeder fragt mich, wie und wovon er denn dann leben und alles bezahlen sollte?

Die Antwort ist dann auch für mich ständig die gleiche, denn grundsätzlich muss man sich doch selbst die Frage stellen und wissen, wie viele Alternativen habe oder besitze ich denn?

Wenn Sie ehrlich zu sich selbst sind, gibt es dabei doch eh nur zwei Wege. Entweder wir machen einfach so weiter wie bisher, werden dann aber unter Umständen irgendwann so krank, dass wir gar nicht mehr arbeiten können und dann vor einem Riesenproblem stehen oder wir ändern jetzt etwas und können mit sehr hoher Wahrscheinlichkeit wieder gesund in die Zukunft schauen. Vor allem scheint Ihnen noch immer nicht bewusst zu sein, wie schlimm eine Krankheit werden kann und es bis zum Pflegefall keinerlei Grenzen gibt! Und was haben Sie dann erreicht, wenn Sie so schwer erkrankt sind, dass gar nichts mehr geht? Kommen Sie jetzt bitte nicht mit der Aussage, dass Sie es soweit ja nicht kommen lassen werden. Nicht Sie haben es immer in der Hand, manchmal kann ein Ausbruch viel schneller sein!

Vor allem sollten wir dabei grundsätzlich auch an unsere lieben Mitmenschen denken, die uns wirklich wichtig sind. Ich erwähne das deshalb, weil gerade die Kinder unter solchen Bedingungen leiden können und meistens vergessen werden. Auch sie können diesen ganzen Stress abbekommen und dann ist es auch nicht selten, dass sie im Teenageralter bereits mit Burnout konfrontiert werden. Noch dazu, dass Kinder das kleinste Glied in der Kette sind, denn vergessen Sie bitte an erster Stelle jetzt nicht die Ehe oder Partnerschaft. Gerade in den sehr schwierigen Phasen, in denen es uns dann schlecht geht, verhalten wir uns nicht so, wie wir es eigentlich gewohnt sind und verlangen dann unseren Mitmenschen sehr viel, meist zu viel ab. Die Folge sind dann weiterer Stress und viel Ärger, der uns zusätzlich alles abverlangt und uns irgendwann in die Knie zwingen wird. Lassen Sie es niemals soweit kommen!

Burnout kann sicherlich sehr heftig werden, aber SIE entscheiden eben mit, wie sehr es sich in Ihrem Körper breit macht und wie sehr Sie leiden müssen.

Im Übrigen erzähle ich da ja jetzt auch nichts Neues, denn ich weiß aus Erfahrung, dass viele Menschen sich gerade am Anfang mit den eigentlich bekannten Symptomen zunächst nicht richtig behandeln lassen.

In den meisten Fällen gingen die Patienten nämlich zu ihren Ärzten und klagten nur über die üblichen Kopf-, und Magenschmerzen, die bei Burnout auf jeden Fall auftreten können, genauso wie viele andere Beschwerden ebenfalls, die uns nachdenklich machen. Auf einmal sind wir nur noch ständig müde oder bekommen immer häufiger regelrechte Kreislaufprobleme. Doch nur die wenigsten waren gleich ehrlich und nannten auch die mutmaßliche Ursache dafür. Ebenfalls in den meisten Fällen war das Schamgefühl wieder soweit ausgeprägt, dass sich jeder gedacht hatte, vielleicht wird es ja auch irgendwann wieder besser oder der Traum von einem Lottogewinn überwiegte sogar, kein Scherz.

Das ist natürlich verlorene Zeit, denn wenn der Körper solch ein Problem nach außen trägt, sollten wir schon mal dankbar sein und deshalb verdient er die gleiche Anerkennung, als wenn Ihre Zähne schmerzen und Sie ja dann auch sofort zum Zahnarzt gehen würden.
Bei solchen Problemen geht das nämlich immer, warum also nicht, wenn es Ihnen seelisch nicht gut geht?

Der Körper und vor allem Ihr Innenleben zeigt Ihnen auf unterschiedlichste Weise, wenn etwas nicht stimmt. Bei manchen Patienten entstehen körperliche Schmerzen, wo eigentlich alles kerngesund ist. Einige Betroffene bekommen sogar sogenannte Stressflecken. Diese bilden sich durch seelische Anspannung oder nervlichen Stress und können ziemlich hartnäckig sein. Von der Tatsache abgesehen, dass es nicht nur teilweise eklig aussieht, juckt es ständig und sollte auf jeden Fall fachärztlich versorgt werden, damit durch das viele Kratzen keine Narben entstehen.

Es ist auch nicht selten, dass sich der ein oder andere Betreffende dann einredet, er wäre nun schwer erkrankt. Das stimmt sogar, sofern Sie so weiter machen, aber ich kann Ihnen auch Hoffnung machen, denn mit der richtigen Unterstützung und einer kompetenten Hilfe, können Sie auch wieder gesund werden.

Burnout kann immer eine schwere Krankheit sein und werden, aber SIE können auch etwas dagegen tun.

Burnout und die Psyche

Wie schon erwähnt, ist Burnout eine Krankheit, die man im englischen übersetzt, auch ausgebrannt nennt. Das heißt, der Körper ist ausgelaugt und kann einfach nicht mehr.

Er ist unerwartet erschöpft und braucht dringend eine Pause. Es ist wie mit einem Menschen, der einen Dauerlauf macht und irgendwann an den Punkt kommt, wo er keinen Schritt mehr weiter gehen kann. Also bleibt er stehen oder setzt sich hin und gönnt dem Körper die notwendige Pause, um später wieder weitergehen oder laufen zu können.

Das Problem aber ist doch, dass wir unseren Körper und unsere innere Stimme oftmals nicht verstehen können oder wollen.

Bei unseren Autos ist das viel einfacher, denn kaum brennt eine Lampe, schon fahren wir in die Werkstatt, aber bei uns brennt keine Lampe, sondern es entstehen Gefühle.

Und eigentlich kennen wir alle dieses Gefühl, wenn uns alles zu viel geworden ist und wir einfach mal Ruhe haben wollen. Doch es gibt genügend unter uns, die sich grundsätzlich keine Pause gönnen wollen, aus welchen Gründen auch immer.

Die häufigste Frage ist stets, wie kann denn ein Körper ausbrennen und was sind die Gründe dafür?

Wie ich schon beschrieben habe, hat damit viel unsere Psyche zu tun. Fakt ist auch, ein Mensch, der rundum glücklich ist, keine Sorgen verspürt, keinerlei Schicksale erlitten hat oder in irgendeiner Form belastet ist, wird wahrscheinlich niemals unter Burnout leiden.

Wenn Sie jetzt sagen, Sie kennen aber doch so eine Person, dann sage ich ganz frech, dann hat dieser Mensch auch irgendein Problem, welches Sie unter Umständen gar nicht kennen und mit großer Sicherheit möchte die betreffende Person es Ihnen auch nicht erzählen.

Die Psyche belastet die Menschheit total unterschiedlich und es kommt immer auf die gewisse innere Stärke und natürlich auf die Belastungen an, wie sehr wir unter Umständen unter einem Problem leiden und damit umgehen können.

Was der eine ganz locker wegsteckt, kann bei dem anderen noch lange und tiefe Spuren hinterlassen.

Es ist daher ja auch leider nicht selten, dass wir von weichen Menschen reden und natürlich von den ganz Harten. Trotzdem kann es aber Probleme auf beiden Seiten geben, die uns mehr belasten, als wir es sehr oft zugeben und uns eingestehen wollen.

Partnerschaftliche oder familiäre Probleme sind wie schon erwähnt besonders gefährlich, denn hier bestätigt sich leider zu oft, dass darüber nicht offen und ehrlich geredet wird und der Leidende nur noch mehr schluckt und damit den eigentlichen Kummer in sich hineinfrisst. Zärtliche Nähe oder auch Sex werden dann meist völlig eingestellt, denn der Betroffene hat dafür überhaupt kein Gefühl mehr und empfindet es eher als Last.

Ich persönlich nenne es immer die Regentonne. In den häufigsten Fällen einer seelischen Überbelastung, gehören leider auch diese Art von Problemen dazu und zumeist spielt der eigene Partner dabei eine tragende Rolle.

Für mich sehr irritierend, was ich Ihnen auch erklären möchte.

Die Ursache dafür wird nämlich jedem schnell klar, wenn er mal in sich geht und zurück an den Anfang denkt, als man sich kennen lernte und alles noch so schön war.

Etwas später gab es dann mal den ersten gemeinsamen Streit und hinterher konnte kein Blumenladen soviel Rosen haben, wie man nun zur Versöhnung kaufte und mit nach Hause brachte.
Was haben wir uns nicht alles gegenseitig zugeflüstert und versprochen und vor allem, was haben wir in dieser Zeit nicht alles für unseren Partner getan und auf uns genommen?
Keine Nacht konnte lang genug sein und fast jeder Wunsch wurde in die Tat umgesetzt. Der Partner wurde verehrt, auf Händen getragen und der Spaßfaktor stieg im Barometer auf das Unermessliche. Es wurde geschmust und getätschelt und man konnte gar nicht mehr genug voneinander kriegen. Vor allem waren wir in dieser Zeit so aufmerksam, gefühlvoll, zärtlich und freundlich zu gleich und jeder Stein, der im Weg lag, wurde ganz einfach weggekickt.

Dann kam bei vielen Menschen der „schönste" Tag im Leben und man **schwor** sich gegenseitig und öffentlich, dass man in guten und schlechten Zeiten zueinander hält.

Und komischerweise verhalten sich dann etwas später viele Menschen wie bestimmte Tiere, die in freier Wildbahn leben. Diese haben dann ihre Beute sicher und der Jagdinstinkt ist vorbei. Man braucht sich nicht mehr um den anderen zu kümmern, denn der ist ja jetzt da und „sicher".

Bei Menschen ist das leider sehr oft ähnlich. Vor einiger Zeit oder nennen wir es jetzt einfach mal früher, da wurde jede freie Minute dazu genutzt, dass man gemeinsam etwas unternommen hatte.

Inzwischen werden die Couch und der Fernseher immer öfter vorgezogen und wir entdecken an unserem Partner plötzlich Interessen, die er uns doch vorher nie gezeigt hat oder die damals ja dann noch nicht so wichtig waren. Immer häufiger wird nun ein Fußballspiel oder ein Actionkrimi plötzlich wichtiger, als ein gemeinsamer Abend mit seinem Partner.

Auch das Zuhören klappt nicht mehr so richtig und so nach und nach, verschwinden nun auch die berühmten Schmetterlinge und es macht sich der bekannte Alltag breit. Die Zärtlichkeit wird weniger, der Partner kaum noch in den Arm genommen und der Sex funktioniert eigentlich nur noch, wenn zumeist er die große Lust darauf verspürt.

Bei dieser Lebensart bleibt sehr oft ein Partner auf der Strecke, weil er das ganze nämlich nicht versteht und so ein Leben auf diese Art auch nicht wollte. In sehr vielen Beziehungen handelt es sich dabei dann zumeist um das weibliche Geschlecht, was sich nicht selten auch noch mit Gewissensbissen belastet.

Bin ich nicht mehr attraktiv für ihn?
Hat er eine andere Frau?
Was habe ich denn nur falsch gemacht?

Nur drei Fragen von etlichen, die dann nicht selten bei einer Frau unbegründet im Kopf rumspuken und dafür sorgen, dass sie unglücklich ist oder auf Dauer wird. Und genau an dieser Stelle bin ich an einem bedeutenden Punkt angelangt, denn solche Gedanken bringen Unruhe und Ängste in einen Körper, der dadurch langsam aber sicher innerlich leidet.

Statt jetzt mit dem Partner zu reden und offen zu sagen, was einen bedrückt, gehen leider viele noch tiefer in sich, schlucken einfach und wollen die Situation nicht noch verschlimmern.

Das geht solange gut, bis es dem ein oder anderen dann doch zu viel wird und es zum großen Eklat kommt, wo die „Regentonne" geleert wird und man sich dann plötzlich alles ungeschminkt von der Seele redet. Bei manchen wirkt so etwas vielleicht befreiend, in etlichen Fällen verschlimmert sich aber die gegenwärtige Situation dadurch wesentlich.

Wie macht man es also richtig?

Dazu gibt es nur eine logische Antwort: **reden, reden** und **reden**!

Sagen Sie doch von Anfang an, was Ihnen nicht passt und was Sie nicht wollen. Sie gehen doch auch nicht in ein Restaurant und bestellen sich etwas, was Ihnen gar nicht schmeckt. Warum also lassen Sie es in Ihrem Leben zu?

Oftmals höre ich, man hat sich arrangiert. Gut und schön, aber haben das dann auch beide getan? Und, wenn es sich doch um ein Arrangement handelt, belastet Sie denn dann daraus auch wirklich nichts mehr?

Menschen, die in ihrer Beziehung keine Liebe, keine Wärme, keine Fürsorge und keinerlei Glücksgefühle mehr haben oder finden, sollten sich dann doch ernsthaft mal überlegen, warum sie dann noch an solch einer Partnerschaft festhalten?

Es kann doch nicht sein, dass wir bewusst unglücklich in einer Beziehung bleiben wollen, wenn wir die Zukunft auch wieder anders und vor allem besser erleben können.

Es gibt viele Menschen, die möchten ihre Probleme gerne gelöst haben. Allerdings lässt sich das mal nicht mit einem Lichtschalter ausknipsen, sondern man muss dafür schon etwas tun und dann vor allem aufpassen, dass man nicht Gefahr läuft, wieder etwas an sich heran zu lassen, worunter man dann erneut leidet.

Das solche Schritte und Wege oft hart und steinig sind, das ist selbstverständlich klar. Doch manchmal sind sie befreiend und verhelfen einem Menschen wieder dazu, bedingungslos glücklich zu sein und zu werden.

Kommen wir deshalb nun auf unsere Psyche zurück.

Diese Art von Problemen können dafür sorgen, dass ein Mensch innerlich wahnsinnig stark leidet, ohne dass man es ihm auch nur im Geringsten ansehen kann oder muss. Spannungen, Erlebnisse, Sehnsüchte, Streitereien, Ängste, Sorgen, Erlebnisse, Einsamkeit, Probleme, Zärtlichkeitsverlust und Gründe jeglicher Art können dafür sorgen, dass wir innerlich so sehr belastet und angespannt sind, dass unsere Psyche leidet und damit der Körper erkrankt.

Diese Vielfalt von diesen Ursachen und Problemen wird oftmals im Wesentlichen unterschätzt. Es gibt unzählige Situationen und Lebensabschnitte, in denen die Menschen wieder sehr unterschiedlich reagieren. Ein neuer Job, ein neuer Chef oder Vorgesetzter, eine andere Abteilung, Prüfungsängste und unzählige andere Gründe können dafür sorgen, dass wir unsere Psyche belasten. Oftmals unnötig, wie sich dann aber erst später herausstellt. Dennoch bleiben viele Ängste in uns und wie wir mit diesen umgehen, ist entscheidend für unsere Seele.

Aus diesem Grund wird gerade bei Burnout nicht nur eine körperliche, sondern auch eine emotionale Erschöpfung sehr oft diagnostiziert.

Hinterfragen Sie doch mal selbst Ihr Leben und Ihren Alltag.

Wie viel Belastung liegt auf Ihnen und wie hoch ist Ihr Stress?
Wie oft sind Sie müde?
Wie reagieren Ihre Freunde und Kollegen auf Sie?
Wie hoch ist Ihr Interesse am Alltag und an Ihrem Beruf?
Wie oft fühlen Sie sich ausgebrannt?
Wie gut schlafen Sie und wie oft träumen Sie von der Arbeit?
Wie sehr haben Sie sich verändert?
Haben Sie in letzter Zeit häufiger Magenbeschwerden?
Wie oft am Tag quälen Sie negative Gedanken?
Hat sich Ihr Ess- und Trinkverhalten geändert?
Sind Sie in letzter Zeit vermehrt gereizt, lustlos, nervös?

Wenn Sie einen Großteil der Fragen bereits bejahen konnten, dann machen sie sich doch mal Gedanken darüber, warum das so ist und vor allem, was SIE dagegen tun können?

In solchen Fällen reicht oftmals ein einfaches Blatt Papier, auf dem Sie links Ihre Probleme und Gründe aufführen und sich rechts dazu selbst Bemerkungen machen, welche Lösung für SIE in Betracht gezogen werden könnte.

Nur SIE können diese Analyse am besten durchführen, denn nur SIE können in sich reinhorchen und wissen damit, was SIE so sehr belastet oder was Ihnen auf der Seele brennt.

Ein Arzt kann Ihnen nur vor den Kopf schauen, Sie selbst aber hinein.
Um Ihnen aber adäquat helfen zu können, muss sich der jeweilige behandelnde Arzt ein Gesamtbild von den ganzen psychischen Problemen und den vielen Faktoren machen können, die letztlich zum Ausbruch der Krankheit geführt haben.

Und das können nur SIE, wenn Sie wirklich ehrlich sind!

Burnout und einige handgemachte Probleme

Natürlich gibt es auch genügend Menschen, die unter Burnout leiden und trotzdem jeden Tag zur Arbeit gehen. Da spricht selbstverständlich auch erst einmal nichts dagegen, sofern Sie natürlich Ihre Beschäftigung jetzt nicht als die eigentliche Belastung sehen, die Sie zurzeit krank macht.

Ich denke nicht, dass man hier jetzt einen Missbrauch meiner Worte sehen sollte, denn es ist natürlich klar, dass uns unsere Arbeit sowieso sehr oft belastet und uns unter Umständen oftmals alles abverlangt.
Wir müssen also vorab unterscheiden können, ob es eine normale, natürliche und gesunde Belastung ist oder eine, die uns im wahrsten Sinne fertig macht, uns erledigt und vor allem krank macht oder bereits gemacht hat.

Es ist nicht selten, dass Betroffene große Belastungen der unterschiedlichsten Art haben und krank sind, dennoch aber trotzdem ihrer Beschäftigung nachgehen, ganz einfach, weil es ihnen dabei gut geht.
Das Wichtigste in dieser Zeit, in der man unter Burnout leidet oder erkrankt, ist der Grundsatz, dass Sie alles tun sollten, was für Sie selbst angenehm ist und was Ihnen vor allem guttut. Natürlich weiß auch ich, dass es am meisten die Arbeit oder der Beruf war, die viele Menschen erst krank gemacht hat, dennoch habe ich dieses Buch für alle Betroffenen geschrieben.

Doch war es wirklich nur die Arbeit oder der Beruf, der wirklich Schuld hat?

Sicherlich werden jetzt ganz viele Menschen diese Frage als ganz selbstverständlich bejahen und sich wundern, wenn ich nun eine ganz andere These vertrete.

Es gibt ganz sicher auch Betroffene, die bedingt durch ihren Beruf oder ihre Tätigkeit erkrankt sind, doch diese sind ganz sicherlich nicht die Masse.
Entscheidend für den ausgebrannten Zustand waren bestimmt noch eine Reihe anderer Probleme, doch wir machen es uns oftmals sehr leicht und schieben es dann ganz einfach auf das, was uns am Ehesten einfällt und uns sicherlich auch sehr viel abverlangt. Dazu kommt, dass es sich für unser Umfeld auch sehr viel besser anhört und jeder dann dazu nicken wird.

Deshalb komme ich jetzt auch noch zu einer sehr speziellen und gefährlichen Gruppe, nämlich den Menschen, die noch arbeiten und längst wissen, dass sie eigentlich krank sind. Diese Sorte von Betroffenen traut sich nämlich nicht zum Arzt zu gehen, aus Angst, sie würden dadurch den Arbeitslatz verlieren. Ein mehr als sehr gefährlicher Umstand, wenn wir gemeinsam nach vorne schauen wollen.
Ganz sicher werde ich SIE jetzt hier nicht ermutigen wollen, sich sofort krank schreiben zu lassen!

ABER, ich möchte SIE zum Nachdenken animieren, um zu überlegen, wo SIE in zehn Jahren stehen wollen? Oder sollte ich besser fragen, wo Sie in fünf, vier drei oder zwei Jahren stehen wollen?

Wenn Sie jetzt sagen, diese Situation trifft auf SIE zu, dann liegt es nur an IHNEN, etwas an der Lage zu ändern.

In allererster Linie heißt das, die **genauen** Umstände, die SIE belasten, entsprechend mitzuteilen und zu ändern. Selbst wenn Ihr Chef oder Vorgesetzter noch so streng zu sein scheint, so kann er unter Umständen trotzdem nicht wissen, was für Missstände SIE belasten.

In den ungewöhnlichsten Fällen habe ich es dann schon erlebt, dass Probleme schnell aus der Welt geschafft werden konnten und ein Vorgesetzter sehr dankbar dafür war, dass man ihn überhaupt unterrichtet hatte.

Es heißt also wieder, **REDEN**!

SIE sind es, der aufzeigen muss, was nicht gut ist, was SIE belastet und was man vielleicht auch ändern oder verbessern könnte. Vielleicht sogar im Interesse von vielen anderen Menschen, denen auch SIE nur vor den Kopf schauen können. Dazu gehört natürlich, dass Sie ein Selbstbewusstsein haben, welches Sie sich aneignen können, auch mit externer Hilfe.

Wenn Sie dann alles versucht haben und sich Ihr Chef ziemlich unbeeindruckt gezeigt hat, dann müssen Sie für sich abwägen, wie gut und vor allem wie lange Sie Ihre Arbeit so noch verrichten können, **OHNE** dabei Ihre Gesundheit ernsthaft zu belasten, zu gefährden oder aufs Spiel zu setzen.

KEIN Betrieb, KEINE Firma der Welt ist es wert, dass SIE sich dafür kaputt machen und darum später unter Umständen Ihr Leben nicht mehr normal leben können.

Wir sollten lernen, dass wir arbeiten gehen, um besser zu leben. Nicht das wir schlecht leben, weil wir eben arbeiten gehen!

SIE **müssen** wissen, wo SIE in der Zukunft stehen wollen und vor allem wie!

Das Kostbarste was der Mensch besitzt, ist sein Leben und seine Gesundheit und zumindest für Ihr Wohlergehen können Sie immer etwas tun und es liegt meistens weitgehend an Ihnen.

Wir wissen, dass wir es uns oftmals viel zu leicht machen und in den wenigsten Fällen die Schuld bei uns selbst suchen. Lieber klagen wir in der Regel andere Menschen an und machen sie für unsere Probleme verantwortlich. Das ist dann auch so, wenn wir ausgebrannt und leer irgendwo sitzen und unser Leben dann Revue passieren lassen.

Da ich selbst schon sehr oft aus freundschaftlicher Geste einigen schwer erkrankten Menschen mit Rat und Tat zur Seite stand, kenne auch ich die ganzen Bedenken und Gedanken.

In vielen Fällen konnte ich zusätzliche Hilfe bieten und wurde eines Tages von einer betroffenen jungen Frau gefragt, warum es für unseren Kopf nicht einfach ein Navigationsgerät geben könnte, was uns immer den richtigen Weg anzeigt.

Doch mal im Ernst, gibt es tatsächlich Navis, auf die Sie sich ständig verlassen können?

Und ist es nicht eigentlich so, dass wir solch ein Navi schon längst in uns haben?

Sie können jetzt lachen, aber wir haben in der Tat etwas in uns, was solch einem Gerät sehr ähnelt, nur haben es viele Menschen ganz einfach verdrängt, vergessen oder müssen mal wieder den Resetknopf drücken.

Manche Menschen nennen es nur Gefühle, viele auch die innere Stimme und nicht wenige vertrauen dabei auf ihre geistige oder innere Intuition.

Können Sie sich noch an Ihre Jugendzeit zurückerinnern?

Ohne das ein oder andere zu wissen, haben Sie manchmal da schon wichtige Entscheidungen getroffen und sind oftmals naiv, aber trotzdem richtig und besonnen Ihren Weg gegangen. Es kann dann die unterschiedlichsten Auslöser dafür gegeben haben, dass Sie Ihre Route verlassen haben und sich nun in einer Sackgasse befinden, in der Sie nicht wenden können und allein nicht mehr herauskommen.
Sie brauchen also nur jemanden, der Sie jetzt abschleppt und Sie wieder sicher auf den richtigen Weg bringt.
Was bei den Autos zum Beispiel der ADAC ist, ist in diesem Fall nun unter Umständen der Arzt, der bei Ihnen dafür sorgen wird, dass man bei Ihnen den Resetknopf drückt.

Das alles geht, aber es benötigt ganz sicherlich etwas Zeit.

Doch warum bin ich eigentlich immer noch bei dem Punkt, dass Ihre Probleme hausgemacht sind?

In den vielen Gesprächen mit Betroffenen bewahrheitet sich immer wieder, dass die meisten Belastungen und Anspannungen nicht sein müssten oder ganz klar vermeidbar wären.
Das komische ist dann, dass sehr viele Patienten auch meine Sichtweisen zulassen und dabei stets annehmen. Nicht selten erzählte man mir dann sogar, dass ihnen das gleiche auch schon einmal von einer anderen Person

erzählt wurde und man es da aber nicht glauben oder wahrhaben wollte.
Wir vertrauen dann wohl nicht dem Kreis von Menschen, der sich sehr oft um uns bewegt.

Wenn das bei IHNEN auch der Fall ist, dann wäre es ratsam, dass Sie schleunigst Ihr Umfeld überdenken. Sollten Sie aber die Schauspielerei vielleicht mögen, dann ist das sicherlich etwas anderes, doch dann dürfen Sie jetzt auch nicht von einer dauerhaften Belastung diesbezüglich reden, denn die verursachen Sie ja nahezu selbst.

Der Mensch ist in seinem Wesentlichen auf Harmonie bedacht und dazu zählen auch Menschen, denen man sich anvertrauen kann und die für einen in der Regel dann besonders in schlechten Zeiten da sind.
Wer es also *wirklich* gut mit uns meint, wird uns ganz sicherlich bei Problemen einige Sichtweisen und Ratschläge nennen, auf die wir uns eventuell verlassen können oder die es zumindest schon mal wert sind, dass man sie überdenken kann.

Als nächstes sind es unsere Gefühle, die letztlich nur noch in die negative Richtung mutieren und damit nicht selten auch die vielen Ängste schüren.
Wir trauen uns auf einmal nicht mehr das Geringste zu und glauben zudem, dass alles was nun kommt, nur noch schlecht sein kann oder muss.

Wahrscheinlich widerspricht Ihnen Ihr Umfeld auch schon lange nicht mehr, weil keiner Sie vom Gegenteil überzeugen konnte. So verbohrt, wie Sie in vielen Gedankengängen waren, sind und es auch nicht wollten, wenn Sie jetzt nur einmal ehrlich zu sich selbst sind.

Das geht dann üblicherweise solange, bis Sie sich ärztliche Hilfe und Unterstützung holen und auf einmal jemand fremdes und kompetentes vor Ihnen sitzt und IHNEN widerspricht.
Ich schaue dabei wirklich sehr oft in große Augen und verwunderte Blicke.

Meist ist es IHRE alleinige Sichtweise, die IHNEN und nicht selten Ihrem Umfeld dadurch das Leben schwer macht.

Erkennen Sie sich jetzt vielleicht schon wieder?

Dann schlage ich vor, ändern SIE es!

SIE KÖNNEN es, **SIE** müssen es nur **WOLLEN**!

Sie werden natürlich auch noch in der Zukunft ganz oft sehen und erfahren, dass es Ihre Sichtweise ist, war oder noch sein kann, die Ihnen das Leben unnötig schwer macht.

Glauben Sie mir, fast jedes Problem hält grundsätzlich auch eine oder sogar mehrere Lösungen bereit, doch wir sind in unserem Denken so eintönig abgestumpft und wollen stets nur noch schwarzsehen, so dass wir auf die Lösung allein nicht kommen.
In solchen Situationen bestimmt unser Tunnelblick unser Denken und Handeln. Deswegen können wir dagegen auch sehr leicht Abhilfe schaffen, in dem wir uns eben mitteilen und an Probleme und Gedanken ruhiger, bedachter, besonnener und konzentrierter herantreten.

Nun möchte ich zu einer weiteren Aussage kommen, die ich auch fast immer zuhören bekomme.

„Früher konnte ich das doch auch alles und es hat mir nichts ausgemacht.!
Früher, ja früher war alles anders, oder etwa nicht?

Ich weiß, dass ich früher auch noch Nächte durchmachen konnte und es mir am nächsten Tag nichts ausgemacht hatte.
Heute ist das ganz anders, denn dann bräuchte ich sicherlich den nächsten und auch übernächsten Tag voll und ganz zur Erholung.

Doch warum glauben die Menschen, dass die Probleme nicht da waren oder uns belastet haben?

Es kommt uns sehr häufig nur so vor, weil wir viel vergessen oder aber auch nicht immer alles wissen oder wussten.
Nicht unbedingt die Probleme, sondern alles das, was so im Laufe der Zeit passiert oder noch dazu gekommen war und ist.

Ich mache mit Patienten sehr gerne eine Liste von A–Z , auf der sie sich zu jedem Buchstaben des Alphabetes stichwortartig ihre Probleme und Sorgen niederschreiben sollen, die sie zur Zeit belasten oder die ihnen Ängste bereiten.
Für mich persönlich einfach die beste Art, Probleme nach und nach durchzugehen und abzuarbeiten.

Dabei stoße ich aber auch fast immer zwangsläufig auf erhebliche Probleme, meist auch ein Trauma, welche schon sehr lange in der Vergangenheit liegen und noch heute sehr schmerzhaft belasten und dadurch nicht selten Tränen an das Tageslicht bringen.

TRAUMA

Vielleicht für viele Menschen jetzt ein hartes Wort,
dennoch ist es leider zu oft der Fall, dass wir einige
Erlebnisse in der Vergangenheit oder auch in unserer
Kindheit nie verarbeitet haben und immer nur verdrängt
hatten.
Teilweise können wir uns auch wirklich nur ganz
schwach erinnern oder können überhaupt nicht
nachvollziehen, warum zum Beispiel eine gefühlslose
Erziehung unserer Eltern oder irgendein Schicksal etwas
mit der jetzigen Situation zu tun haben kann oder soll.

Erlebnisse, die so unterschiedlich sein können und sich
auch auf verschiedenste Weise im Körper festgesetzt
haben, brechen plötzlich wieder aus und richten ihren
Schaden an. Obwohl wir glauben, dass läge doch schon
soweit zurück, ist es nun wieder vollständig real und
führt zu einer seelischen Belastung und damit natürlich
auch zu einer unangenehmen Anspannung.

Trauma ist auch dabei nur die kleine Überschrift für ein
großes Erlebnis, was wir nie gelernt haben, richtig zu
verarbeiten.
Es sind nicht immer nur die Naturkatastrophen oder
Unglücke und Schicksale, die einem Trauma zugeordnet
werden dürfen, sondern auch die zwischenmenschliche
Gewalt, das Mobbing, die fehlende Liebe und Wärme
oder auch die Unterdrückung, die sogar nicht selten in
den Familien stattfindet und damit etwas auslösen kann,
was uns unter Umständen erst viele Jahre später ernsthaft
belastet.

Den meisten Menschen ist es völlig unbekannt, dass
solche uralten Ereignisse noch dauerhafte Schäden

produzieren können und sehr oft kommt ein Betroffener erst durch intensive Gespräche darauf. Meist dann, wenn man sich die Mühe macht und den Rucksack des Lebens aufräumen oder leeren möchte, denn dann gräbt man auch sehr tief in der Vergangenheit.

Wie viele Menschen leiden heutzutage unter schweren, teils sogar sehr schweren und belastenden Depressionen, privaten Bindungsstörungen, Lernbeeinträchtigungen, Essstörungen, Migräneanfällen oder auch emotionaler Gereiztheit, die vielleicht früher als Kind vernachlässigt, misshandelt, gemobbt oder unterdrückt wurden?

Menschen, die vielleicht nie gedacht haben, dass diese Erlebnisse und Erinnerungen ausschlaggebend dafür sind, dass sie heute unter Burnout erkrankt sind.

Vielleicht verstehen SIE jetzt, warum es so wichtig ist, sich wirklich eine ehrliche Liste zu machen, mit all den Punkten, die uns wirklich im Kopf, am Herzen und auf der Seele liegen.

In IHRER Ehrlichkeit, liegt der Schlüssel zum Erfolg, dass man Ihnen angemessen helfen kann.

SIE und nur SIE allein entscheiden, ob Sie mit Ihren Symptomen weiterleben wollen oder diese soweit lindern möchten, dass Sie solche Belastungen in sogenannten „Lebensschubladen" ablegen können, **ohne** dass SIE darunter noch so leiden, wie das bisher der Fall war.

Es gibt also sehr häufig Probleme, Kummer, Sorgen und quälende Belastungen, die ein Mensch schon ewig in sich hat und nie verarbeiten konnte.

Wenn solche Dinge dann auch noch im Hinterkopf sind, dann haben wir wieder die berühmte Regentonne, die nun dadurch gänzlich übergelaufen ist.

Somit beginnen viele Fachärzte zunächst damit, von Ihnen uralte Probleme geschildert zu bekommen, weil die oftmals ebenfalls der Schlüssel dafür sind, warum es Ihnen **jetzt** schlecht geht.

Eines muss Ihnen klar sein, wir alle können nicht zaubern! Ich kann keinen Knopf drücken und habe damit alle Probleme bei einem Patienten gelöscht, das geht nicht. Doch je ehrlicher Sie sich einem Fachmann präsentieren, umso einfach kann es sein, Ihnen adäquat helfen zu können.

Vielleicht hilft es ja auch Ihnen, wenn Sie für sich mal so eine Liste aufstellen, denn es erleichtert ganz sicher die Arbeit mit Ihrem Arzt.
Vor allem haben Sie sich dann mal alles von der Seele notiert und brauchen dann nicht mehr lange nachdenken, was auf jeden Fall Ihren Heilungsprozess beschleunigen kann. Wenn Sie daran interessiert sind, empfehle ich immer eine Liste zu machen, wo Sie das ganze Alphabet untereinander notieren und sich dann zum Beispiel ein ganzes Wochenende intensiv damit beschäftigen, damit auch Ihr Unterbewusstsein gefördert wird und Ihnen immer mehr Stichpunkte einfallen. Dazu gibt es auch keine Mengenangaben, denn auch das ist von Mensch zu Mensch sehr unterschiedlich. Schreiben Sie, was Ihnen einfällt, was Sie bedrückt und bleiben Sie vor allem ehrlich.

In der Regel gehen wir ja auch davon aus, dass wir bei einem Neuwagen erst einmal nicht mit Problemen zu

rechnen haben. Schon gar nicht in der heutigen Zeit, wo die Garantiezeiten großzügig verlängert worden sind.
Dennoch wissen wir aber auch, dass im zunehmenden Alter einige Reparaturen anstehen werden und es liegt doch sehr oft mit daran, wie wir in der ganzen Zeit den Wagen vorher gepflegt haben.
So und nicht anders ist auch unser Gesundheitszustand und unser Wohlempfinden.
Wer auf sich achtet und viel für sich tut, wird sehr häufig vom Körper belohnt.

Es wird nie ein Leben ohne Sorgen und Probleme geben, doch wie wir damit umgehen und uns dabei fühlen, dass bestimmen nur wir selbst!

Ich kenne etliche Menschen, die zweifelsfrei durch mich inzwischen wieder zu dem Leben zurückgefunden haben, was sie selbst als gut und glücklich bezeichnen.
Wie schon erwähnt, kann auch ich nicht zaubern und koche selbstverständlich auch nur mit Wasser.
Vielleicht ist es aber einfach die Mischung aus Zeit, Wissen und Erfahrungen, die es mir relativ leicht macht, einen Menschen aus Burnout in ein „normales" Leben zu holen, sofern das ein jeder wollte, was aber auch stets der Fall war.

Irgendwann kam mir deshalb sogar der Gedanke, diesem Buch einen ganz eigenen Titel zu geben.
„Mikel Marz – Der Burnoutkiller"
Spaß beiseite, denn das war von mir wirklich nur ein ausgesprochener Scherzgedanke und ich wollte nicht den Eindruck erwecken, nun einen Krimi über Burnout schreiben zu wollen.

Trotzdem hat mich die Erfahrung gelehrt, dass ich Betroffene durch intensive Gespräche, begleitend durch Besuche bei den entsprechenden Fachärzten und mit dem Absetzen von den meisten Medikamenten, wieder voll und ganz auf die Beine stellen konnte und es nicht einen Menschen bisher gab, bei dem das nicht der Fall war. Allerdings weiß ich und möchte deshalb noch einmal gezielt darauf hinweisen, dass jeder Mensch es auch selbstverständlich **wollte**.

Egal wie tief SIE jetzt auch unter Burnout leiden und zurzeit feststecken, bitte sehen Sie Ihr Leben oder Ihren momentanen Zustand als ein Puzzle an.

Ich denke, jeder von uns hat in seinem Leben schon einmal gepuzzelt und wer es noch nie gemacht hat, weiß zumindest wie es geht.

Das Puzzle ist nämlich ein sehr gutes Beispiel für Ihren jetzigen Zustand und kann Ihnen auch am besten glaubhaft machen, wie durcheinander zurzeit alles ist.

Denn Sie wissen ja, wenn SIE ein Puzzle mit Tausend Teilen auf den Tisch schütten, haben Sie zunächst das reinste Chaos.

Bitte fangen Sie an, dieses Chaos mit Ihrer jetzigen Lage zu vergleichen.

Sie können jetzt alles so liegen lassen und sehen damit nur die Unordnung, die Sie selbst zurzeit in sich selbst haben.
Also müssen SIE etwas dafür tun, damit SIE Ordnung in diese Situation bekommen.

Egal wo, ob im Puzzle oder in Ihrem Leben!

Ich gehe jetzt mal davon aus, dass auch Sie vernünftig sind und gesund werden wollen, also machen Sie sich jetzt an diese Aufgabe heran.

Zunächst nehmen Sie sich erst einmal ausreichend Zeit und konzentrieren sich auf sich selbst und auf alles, was Sie innerlich fertig macht, aufwühlt und vor allem mitnimmt und damit belastet.
Beim Puzzle würden wir jetzt alle Teile ordentlich sortieren, entsprechend umdrehen und schauen, dass wir mit dem Rand beginnen können.

Während Sie nun auch fachärztliche, beziehungsweise professionelle Hilfe in Anspruch genommen haben, puzzeln Sie gleichermaßen nun den Rand, der das Fundament Ihrer Probleme oder aber Ihrer jetzigen Situation bezeichnet und darstellt.

In der Regel sehen Sie schon bald einen Erfolg, sowohl in Ihrer gegenwärtigen Situation, als auch mit dem Rand, der sich Ihnen bald als Rahmen präsentiert.
Behalten Sie Ihren Rahmen ruhig im Auge, denn er ist die Sicherheit für einen guten und sicheren Beginn.
Sowohl beim Puzzle, als auch für Ihre jetzige Lage.

Nun beginnt die meist mühsame Zeit des Suchens nach den passenden Teilen, die der Arbeit mit den Ärzten, meist auch unterstützt von Medikamenten, gleichgestellt ist.
So mühsam und schwierig es nun ist, bei diesem Puzzle erfolgreich voran zu kommen, so ist auch die Zeit, in der Sie an Ihrer Seele und an Ihrem Zustand arbeiten.

Alles braucht seine Zeit und natürlich gibt es leichte und schwere Puzzle.

So sind auch Ihre Belastungen, von denen Sie sich nach und nach lösen müssen.

Die **GEDULD** ist es, die SIE zum Ziel bringen wird und irgendwann haben Sie es geschafft und können sich an einem selbst gefertigten Bild erfreuen, in das Sie viel Zeit und Mühe investiert haben.

Das wird irgendwann der Zustand sein, wo auch SIE wieder hergestellt sind, sofern Sie in Ihre Behandlung genauso viel Mühe, Zeit und Geduld investieren oder aufbringen.

Halten Sie sich dieses „Puzzle Ihres Lebens" vor Augen, es kann vielleicht auch für SIE eine wichtige Stütze in Ihrer momentanen Lage sein und werden.

Lernen Sie vor allem, dass ganz kleine Erfolge schon ein großer Schritt in die richtige Richtung sind.

Burnout und seine Folgen

Die Folgen von einem sogenannten Burnout können unter Umständen sehr gefährlich werden, denn im schlimmsten Fall endet es häufig mit schweren Depressionen.
Wie schlimm und gefährlich wiederum Depressionen sind, wissen Sie bestimmt schon und ich habe dazu ebenfalls drei Bücher geschrieben.

Universum der ANGST – *Lernen Sie mit Ihren Ängsten umzugehen*

Schatten im Leben – *Vielfalt und Ursachen von Depressionen*

Suizid – Warte, bis Du gehst – *Depressionen und Suizidgedanken*

Ausreichende Informationen zu diesen Büchern erhalten Sie am Ende dieses Buches.

Gerade deshalb ist es auch mehr als wichtig, dass Sie sich wirklich darüber bewusstwerden, eine Krankheit wie diese nicht einfach unter den Teppich kehren zu wollen.

Sie würden sogar Gefahr laufen, dass Sie irgendwann so stark in Ihrem Lebensalltag eingeschränkt sind, dass Sie ein normales Leben nicht mehr leben können und dadurch unter Umständen erwerbsunfähig werden würden.

Oftmals leiden wir in solch einem Zustand zunehmend unter Herzrasen, Kreislaufproblemen, Schlafstörungen,

Magen-Darm-Störungen, bekommen immer vermehrt Panikattacken, fangen ohne jeglichen Grund an zu schwitzen und bekommen Ängste, die uns in jeglicher Form fertig machen und uns auch einschränken. Wir sind dann nicht mehr in der Lage, uns um die kleinsten und wesentlichen Dinge zu kümmern und aus diesem Grund **müssen** wir etwas dagegen tun.

Das Leben ist und bleibt eine Schule, in der wir immer wieder sehr viel lernen müssen. Wie sagt man doch so schön, man wird alt wie eine Kuh und lernt immer dazu!

Nun auch in solch einem Zustand oder in dieser Phase. Plötzlich müssen wir unseren gesamten Lebenswandel überdenken und dafür sorgen, dass wir etwas ändern und so leben, wie es „**uns**" guttut. Viele Menschen leben sehr oft und viel und gerne für andere Personen. Manche sogar so sehr, ohne dass sie es wissen und merken.

Darum wiederhole ich mich an dieser Stelle ganz bewusst, denn es liegt an uns selbst, auch mal „**Nein**" zu sagen und zwar so, dass wir uns dabei nicht schuldig fühlen und uns damit erneut belasten.

Wir müssen uns darüber im Klaren sein, dass Burnout immer eine schwere Krankheit ist und nur wir entscheiden können, wie lange wir darunter leiden.

Müssen wir es denn erst darauf ankommen lassen, dass wir unser Umfeld völlig vergraulen?

Das wir die Menschen verlieren, die uns sonst soviel bedeutet haben?

Das wir unseren Arbeitsplatz in Gefahr bringen und unter Umständen dann irgendwann arbeitslos werden?

Das wir unseren Freundeskreis gegen uns aufbringen, weil niemand uns jetzt versteht und wir uns auch nicht helfen lassen wollen?

Muss dadurch immer eine Familie leiden?
Ihr Partner, Ihre Kinder oder wer auch immer?

Es tut mir leid, es Ihnen jetzt so sagen zu müssen, aber reißen Sie sich mal zusammen, denn das ist es alles nicht wert und ich sage Ihnen das auch klar und deutlich aus Erfahrung!

Je schneller wir bereit sind, etwas in unserem Leben zu ändern, desto schneller können wir auch wieder gesund werden.

Retten können wir sicherlich sehr viel, aber verlieren können SIE noch viel mehr, wenn SIE **jetzt** nichts tun!

Wie beuge ich mich vor?

Wie ich bereits erwähnt habe, **SIE** müssen das abstellen, was Sie belastet.

Das so etwas nicht immer einfach ist und oftmals auch mit Hürden verbunden ist, das weiß ich selbst. Allerdings bringt es uns überhaupt nichts, wenn wir uns hinter solch einer Aussage ständig verstecken wollen.

Wenn man etwas will, dann schafft man das auch, egal wie steinig der Weg auch ist. Diesen Satz hat jeder in seinem Leben schon gehört und die Menschheit geht mit ihm auch sehr unterschiedlich um.

Während die einen ihr Ziel schnell erreichen, hinken andere noch meilenweit hinterher. Doch zu welcher Sorte Sie nun selbst gehören, das können nur SIE wissen und deshalb entscheiden SIE das auch selbst.

Fangen wir also noch einmal ganz am Anfang an.

Zunächst gilt es, eine uns bekannte Schamgrenze bewusst zu überschreiten. Doch mal im Ernst, wovor schämen Sie sich?

Etwa davor, dass Sie krank geworden sind?

Zumindest wäre das fatal, denn krank kann jeder werden, obwohl ich diese Aussage schon sehr häufig gehört habe!

Vielleicht davor, dass Sie auf einmal etwas mit der Psyche haben und ein jeder nun denken könnte, Sie hätten was an der „Waffel"? Auch diese Antwort habe ich so sehr oft gehört.

Auch das wäre verkehrt, denn psychische Krankheiten sind weiterverbreitet, als es die Menschheit vermutet.

Und wissen Sie auch warum?

Weil niemand oder besser gesagt, die wenigsten überhaupt darüber reden wollen oder möchten. Ich schreibe hier bewusst nicht "können", denn das wäre ja ebenfalls verkehrt. Jeder könnte, wenn er wollte, aber die meisten schütteln da lieber den Kopf und führen wieder irgendwelche Ausreden an.

Wenn SIE jetzt an dieser Stelle auch den Kopf geschüttelt haben, dann frage ich SIE auch persönlich, wem wollen Sie das weismachen?
Ich weiß ganz sicher, dass man reden muss, denn ich bin heute auf der Seite, wo ich Burnout nur noch im Rückspiegel sehe und vor mir nur den Weg kenne, wie man diese Krankheit besiegt.
Deshalb kann ich mich auch nie genug wiederholen, wenn ich als erstes anführe, **Sie müssen reden**.
Reden ist die Grundlage aller Dinge und das Umfeld weiß dann auch, was mit Ihnen los ist. Denken Sie bitte daran, Menschen, die über psychische Krankheiten lachen oder sich lustig machen, sind dumm, sehr dumm, viel zu dumm.
Menschen dagegen, die darüber reden und offen sind, diese können sich auf die Schulter klopfen, denn sie sind sehr klug und weise.

Diese Aussage ist auch relativ einfach erklärt, denn dem Schweigenden kann nicht geholfen werden und so muss er weiter leiden. Jemand der sich aber offenbart, dem können die Türen geöffnet werden und er kann viel schneller therapiert und behandelt werden.

Vor allem deshalb, weil ich es schon sehr oft erlebt habe, dass sich plötzlich die ganzen Probleme von ganz allein in Luft aufgelöst haben und wir dürfen ja nicht vergessen, Probleme können so stark belasten, dass wir darunter mehr leiden, als wir es manchmal zugeben wollen oder gewissermaßen auch *können*.

Der nächste Schritt ist meist unvermeidbar und das heißt, sich vielleicht auch einem Arzt anzuvertrauen und zusätzlich eine zielgerichtete Psychotherapie in Anspruch zu nehmen.

Vergessen Sie unbedingt den Irrglauben, Sie könnten sich selbst heilen und mit ein wenig Ruhe ist bald alles wieder in Ordnung. Es ist ganz sicher ein Trugschluss.

Das gleiche denken die Leute auch, die Löwenzahn aus dem Boden reißen und glauben, sie hätten ihn vernichtet.

Jedes Übel muss an der Wurzel angepackt und beseitigt werden und daher kann ich Ihnen nur den gutgemeinten Rat geben, lassen Sie sich von einem guten Facharzt behandeln.

Denken Sie bitte stets daran, wenn Sie zum Beispiel unerträgliche Zahnschmerzen haben, gehen Sie ja schließlich auch zum Zahnarzt und schmeißen keine Tabletten mehr hinterher.
Auch wenn Ihnen der Körper vielleicht noch nicht sein ganzes Ausmaß dieser Krankheit, mit all den ganzen Beschwerden gezeigt hat, alles hat einen Anfang und Sie sollten nicht darauf warten, bis es zu spät ist, denn das kann unter Umständen sehr heftig werden und kann zu einem riskanten Spiel werden, was Sie nicht gewinnen können.

Einige Menschen fragen sich manchmal, warum und woher sie plötzlich so einen juckenden Ausschlag am Körper herhaben.
Auch das kann die Reaktion eines Körpers sein, der den ganzen Stress, den Ärger und die ganzen Belastungen nicht mehr verarbeiten kann.

Was muss Ihnen der Körper denn erst aufzeigen, bis SIE einsehen, dass SIE krank sind und etwas tun müssen? Wichtig ist dabei auf jeden Fall die gewisse Erholung. Lernen Sie, den Alltag für sich wieder gemütlich und annehmbar zu machen. Gehen Sie mal raus, gehen Sie wieder spazieren, machen Sie die Musik mal wieder lauter, und wenn Ihnen danach ist und Sie das möchten, singen Sie mit. Entspannen Sie sich endlich mal wieder. Schalten Sie ab und lernen Sie, das Bedürfnis zu haben, dass außer Ihnen selbst erst einmal nichts wichtig ist. Gezielte Entspannungstechniken und auch Atemübungen spielen dabei eine entscheidende Rolle.
In entscheidenden Stressreaktionen sollten Sie sich fest auf beide Füße stellen und mehrfach tief ein- und ausatmen und zwar ohne eine Zigarette.

Betrachten sie in Ruhe Ihr Leben und machen Sie sich eine Liste, auf der Sie genau festhalten, was Sie stört, was Sie ändern möchten und in Zukunft keinesfalls mehr zulassen werden.

Nehmen Sie sich Zeit für sich selbst und gehen Sie mal wieder Ihrem Hobby nach. Vielleicht haben Sie Lust zum Malen oder nehmen sich die Zeit, ein Buch zu lesen. Besuchen Sie einen Ort, wo Sie sich entspannen und ausruhen können, egal ob es in der Natur oder der Besuch einer Therme ist.

SIE sollten sich vor allem nicht mit den Gedanken belasten, wer in Zukunft dann Ihre Arbeit macht oder was in Zukunft alles durch Ihre Auszeit passieren könnte.

Glauben Sie mir, das ist absolut falsch, denn Sie müssen einsehen und begreifen, dass Ihre Krankheit oder auch nur die ersten Anzeichen, unter Umständen noch viel schlimmer werden können und dann eines Tages irgendwann überhaupt nichts mehr geht.

Ich denke nicht, dass Sie das wollen!

Gerade wir, die doch dann gerne sagen, *ach hätte ich doch damals nur gehört*, die leiden dann doppelt und dreifach so schwer und wenn es ganz schlimm kommt, für immer!

Wir kennen das doch auch aus der Vergangenheit. Wie oft hat Ihnen der Arzt schon gesagt, machen sie mal dies und machen Sie mal das und immer wieder wurde abgewinkt und gedacht, was der nun wieder hat....

Viele Ärzte raten nicht umsonst, eine Krankheit richtig zu genesen, ganz einfach, weil sie die Erfahrung besitzen. Ein Betroffener, der Burnout hinter sich hat, wird Ihnen das Gleiche sagen. Ob Sie nun darauf hören wollen oder nicht, letztendlich sind wir es, die für uns selbst verantwortlich sind.
Gerade aus diesem Grund sollten wir diese Aussagen auch beherzigen, denn es ist **IHRE** Verantwortung Ihrem Körper und auch Ihren Mitmenschen gegenüber.

Manchmal können wir auch von Tieren lernen! Wenn es einer Katze richtig schlecht geht, sucht sie sich eine ruhige Ecke und ist nur am Schlafen. Unter Umständen macht sie das über mehrere Tage, ohne Lust auf Nahrung zu haben, sie holt sich einfach nur Ruhe und genau das sollten auch wir tun.

Wenn bei Ihnen die Hauptursache die Arbeit oder der Beruf ist, dann setzen Sie sich neutral mit allen belastenden Punkten auseinander und diskutieren Sie offen, was man anders und besser machen kann.

Überlegen Sie dabei auch, ob es das Zeitmanagement oder einfach die Überbelastung ist und wie Sie sich alles besser und entspannter zurechtlegen können.

Denken Sie bitte daran, SIE als Mensch sollten der Diamant in einem Unternehmen sein, denn ohne Sie als Mitarbeiter, kann eine Firma nichts werden.
Natürlich kenne ich bereits an dieser Stelle auch hier sofort Ihre Gedanken!
Klar, wovon soll ich denn dann in Zukunft leben?
Wenn ich das mache, wie es hier so einfach beschrieben ist, schmeißt mich der Chef oder die Firma sowieso raus.
Was wohl dazu vor allem der Kollege XY sagt?
Dann mache ich mir das Leben ja gleich noch viel schwerer.
Alles leicht gesagt, aber bei uns kann keiner etwas ändern.
Das läuft da schon ewig so und noch nie wurde was geändert!
Weiß der überhaupt, wovon er hier redet oder schreibt?

Die letzte Frage beantworte ich Ihnen als erstes mit einem ganz deutlichen „**JA**".

Die meisten Menschen glauben ganz einfach, so wie es ist, so muss es sein und vor allem bleiben. Wir sind ganz schlecht, wenn es darum geht, Veränderungen in Gang zu bringen, weil die uns stets in dem Glauben lassen, sie wären oder könnten alle negativ sein.

Ich kenne das natürlich zu genüge und habe damit dementsprechend bereits ausreichend Erfahrungen gemacht.

Sicher, wenn eine Veränderung etwas Positives verspricht und wir sofort davon überzeugt sind, dann ist alles kein Problem. Doch wenn es Sachen, Umstellungen und Überlegungen sind, die uns zweifeln lassen, wo wir persönlich gefordert werden, die für uns noch Neuland sind, dann sieht die Welt schon wieder sehr grau aus.

Dazu kommt, dass wir überwiegend die Mentalität besitzen, ein halbes Glas Wasser eher als halbleer zu betrachten und nicht wie der positiv denkende Mensch, als halbvoll.

Natürlich bin ich da wieder bei der Aussage, dass eine solche Veränderung nicht immer leicht ist. Das ist aber auch nicht die Frage, sondern eher, wie wollen SIE persönlich nun damit umgehen oder IHRE Zukunft erleben?

Wie schon beschrieben, SIE sind IHRES Glückes Schmied und haben es in der Hand, IHR Leben selbst zu ordnen, zu gestalten und zu leben. Ob glücklich oder nicht, wenn es daran liegt, dass Sie das entscheiden können, dann tun Sie das auch.

Ich hatte vorhin ja zwei Fälle erwähnt, die ich lange Zeit begleitet habe und immer wieder gerne erwähne, weil es für das Leben von Betroffenen alles widerspiegelt.

Zwei Fälle von vielen, die einfach nur widerspiegeln sollten, dass wir ein Leben auch ganz anders drehen und ändern können.

WIR sind doch eigentlich nach außen hin fast immer von unserer Tätigkeit und bei dem was wir tun, zu hundert Prozent überzeugt. Zumindest stellen wir es oftmals gegenüber unseren Mitmenschen so dar und können da sehr überzeugend sein.

Das bedeutet also, dass wir eigentlich auch meist eine Ahnung von dem haben, was wir dann diesbezüglich von uns geben.

Somit steckt in vielen Menschen dann einfach nur der Mut zum Risiko, vielleicht auch sich selbst einer neuen Aufgabe zu stellen oder einfach etwas Neues auszuprobieren. Nicht wenige gehen oder sind in einer Selbstständigkeit und ich weiß, dass ist ganz sicher nie leicht und gerade auch dann, muss man gesunde Nerven besitzen. Aber auch hier gilt, wenn es alles zu belastend wird, sollte man darüber nachdenken, die Reißleine zu ziehen und mit seinem Wissen, mit seiner Erfahrung wieder in das Angestelltenverhältnis zu wechseln, was natürlich jeder Mensch für sich entscheiden muss.

Die einfachste Frage wird aber immer wieder sein, welche Alternativen haben SIE jetzt und wo sehen SIE sich in der Zukunft?

Wenn SIE jetzt bereits wissen, dass Sie es unter den gegenwärtigen Umständen nicht mehr lange aushalten oder sagen, da werden Sie ganz sicher nicht alt und glücklich mit, dann sollten Sie **jetzt** etwas dafür tun und handeln!

Sehr viele Menschen warten immer, dass ihnen ein anderer etwas in den Schoß legt, doch die meisten können darauf lange warten und versauern dabei.

Es ist unsere Mentalität, dass wir meist gerne an dem festhalten, was wir haben und neue Ufer nicht gerne ergründen wollen.

Sofern es Ihnen dabei gut geht, ist ja auch nichts einzuwenden, aber es ist nun mal so, dass wir unsere Belastungen über Bord werfen müssen. Egal um was es sich dabei dreht und handelt.

Wenn es Menschen gibt, die uns täglich neue Probleme bringen und uns unter die Haut gehen, dann müssen wir dagegen etwas tun.

Natürlich kenne ich auch hier die Argumente, wie man sich denn verhalten soll, vor allem wenn es dabei um die eigene Familie geht und das alles viel schwieriger und komplizierter zu sein scheint.

Ich gebe Ihnen da eine klare Antwort, Sie müssen reden und Sie bestimmen Ihr Leben!

Wie schon so oft erwähnt, liegt es ganz allein an Ihnen, unangenehme Sachen auf den Tisch zu bringen und zur Not auch mal auf den Tisch zu hauen.

SIE müssen sagen, was Sie wollen und in erster Linie auch, was Sie überhaupt nicht wollen!

Keiner kann Ihnen das abnehmen und unter Umständen müssen SIE auch Konsequenzen ankündigen und diese vor allem dann auch mal einhalten.

Sehr belastend sind oftmals meist die Situationen, wo alt und jung unter einem Dach wohnen und auch dadurch irgendwie keine Privatsphäre mehr besitzen.

Wieder sind da die Menschen sehr bedacht, denn wenn es um alltägliche Angelegenheiten, wie waschen, bügeln, kochen und vielleicht Kinderbetreuung geht, dann ist das alles ganz toll, doch das Leben zeigt uns oft, dass diese Sachen dann nicht ausreichen und es immer öfter Spannungen untereinander gibt.

Diese Anspannungen können sehr belastend sein und werden viel zu häufig hingenommen, weil man die andere Seite oder auch nur den Partner ja nicht enttäuschen, verletzen oder gegen sich aufbringen will und möchte.

Doch auch hier muss sich jeder fragen, ist es mir das wert?
Kann ich damit dauerhaft leben?

Viel zu oft habe ich es schon erlebt, dass eines Tages die Bombe platzte und dann auf einmal die Wahrheit ans Licht kam, dass ein jeder sagte und betonte, dass er doch gerne schon viel früher gehandelt hätte, wenn er es doch nur gewusst hätte.

Und, wir müssen uns fragen, ob wir wirklich dauerhaft mit diesen Anspannungen zurechtkommen können und wollen.

Ich selbst rede da ebenfalls aus Erfahrung, denn auch ich selbst war einmal zu einer Frau gezogen, die ihre Wohnung im elterlichen Zuhause hatte und vehement darauf bestand, denn es war ihr halt sehr wichtig.

Sicherlich war es zum einen eine separate Wohnung und trotzdem passierte es etliche Male, dass unangemeldet ein Elternteil in der Wohnung stand und einfach mal nach dem Rechten schauen wollte.

Nun bin ich persönlich schon eh und je ein Mensch, der sofort sagt, was mir nicht passt, und das auch herzlich

sagen kann und doch resultierte daraus dann ein großer Streit, wo ich wieder feststellen musste, dass dieser nicht wie gewöhnlich unter den eigentlich zwei streitenden Personen ausgetragen wurde, sondern dann mal eben schnell die geliebte Mama dazu geholt wurde.
Ein Umstand, den ich auf jeden Fall so nicht auf Dauer akzeptieren wollte und deshalb meine Konsequenzen zog, denn ich habe für mich gelernt, konsequent zu sein, um mich selbst nicht zu belasten.

Wie **SIE** aber nun Ihr Leben händeln, das entscheiden **SIE** natürlich ganz allein, aber es kann nicht sein, dass Sie wissen, welches Problem Ihnen dauerhaft im Magen liegt und sie dann nichts dagegen tun wollen.
Und kommen Sie mir bitte nicht mit den berühmten Aussagen, Sie könnten nichts ändern. Können tun wir grundsätzlich alles, ob ein jeder aber auch mit der nötigen Akzeptanz und dem dazugehörigen festen Willen an eine Sache herangeht, das steht dann wieder auf einem anderen Blatt Papier.

SIE müssen sich darüber im Klaren sein, dass wir uns nicht auf der einen Seite hinstellen dürfen und mit dem Jammern loslegen können, weil es uns so schlecht geht und wir häufig dann doch genau wissen, was das eigentliche Problem der Beschwerden ist und wir dann aus den unterschiedlichsten Gründen nichts dagegen unternehmen wollen. Als größter Punkt wird dabei dann immer die Rücksicht angeführt, doch wer nimmt eigentlich Rücksicht auf SIE und Ihre Krankheit?
Ich kann Ihnen hier nur Entscheidungshilfen aufzeigen, was Sie daraus machen, entscheiden ganz allein SIE selbst.

Ein weiterer Punkt sind häufig auch erwachsene Kinder, die noch zu Hause wohnen und plötzlich komplett damit überfordert sind, dass ein Erwachsener nun „schwächelt". Es ist fast immer das gleiche, wenn Sie einen Unfall gehabt hätten und einen Arm oder das Bein im Gips hätten, würde jeder Sie bedauern und Ihnen helfen, wo er nur könnte.

Bei einer psychischen Krankheit kann das ganz anders aussehen und aus Gesprächen weiß ich inzwischen, dass es viel darauf beruht, dass diese Personen zumeist aus Angst und vor allem aus Unwissenheit so unsensibel reagieren können.

Nehmen wir nur mal das Beispiel eines Elternteils, was in den Augen eines Kindes immer ganz stark war. Es war stets normal, dass durch das betreffende Elternteil immer alles gemacht wurde und dem Kind damit eine gewisse Kraft und Stärke signalisiert werden konnte.
Nun ist aber ein Elternteil erkrankt und zwar leider mit einer Krankheit, die in vielen Augen eher den Ruf hat, dass so etwas nur die Kleinen und Schwachen bekommen können, was natürlich absoluter Quatsch und nur dummes Gerede ist.

Auch hier muss ich wieder zwei Seiten anführen, denn die eine Seite sagt ja dann zuhause überhaupt nichts und lässt sich also in den Augen des Umfeldes einfach nur hängen, was dann unter Umständen sowieso auf völlige Intoleranz stößt. Häufig wird einfach nur die Aussage gemacht, es gehe einem zurzeit nicht gut und mit diesen wenigen Angaben sollen dann die Angehörigen zufrieden sein. Ich möchte hier aber gerne zu Bedenken geben, dass selbst Kinder nicht dumm und oftmals schlauer sind, als die Erwachsenen es ihnen zugestehen wollen.

Diese Kinder sind es, die vielleicht schon längst wissen, wie es Ihnen ergeht und die auch das Recht haben, dass man ihnen gegenüber ehrlich ist und es nicht selten zumindest etwas genauer beschreibt.

Die andere Seite sagt dann richtig und endlich mal unmissverständlich, was einem auf der Seele brennt und bringt sogar den Begriff „Burnout" auf den Tisch. Doch auch hier kann es dann unter Umständen zu gewissen Spannungen kommen, weil vielleicht ein Familienmitglied und ich nehme jetzt mal bewusst wieder ein Kind, damit dann nicht umgehen kann.
Zum einen aus den Gründen, die ich schon erwähnt habe, zum anderen aber, weil es ja angeblich von Burnout viel zu wenig weiß.

Es passiert leider nicht selten, dass Burnout schon mit einer tiefen Depression gleichgestellt und in einen Topf geworfen wird. Dazu kommt dann wieder das Unwissen zum Thema Depression und ein Betroffener wird einfach nur noch als verrückt hingestellt oder als eine bekloppte Person, die in eine Klapsmühle eingeliefert werden müsste. Leider kursieren solche Aussagen und Gedanken noch in vielen Köpfen und wir müssen einfach damit leben, dass viele Menschen ihren Wissensstand scheinbar nicht gefördert bekommen haben, teilweise nur ein Blatt gelesen haben, dass außer diversen Schlagzeilen, Busenwundern und Wetterbericht nicht viel an Informationen bieten kann.
Weiter kommt auch, dass wir wissen, wie grausam ehrlich Kinder sein können, weil sie oftmals unwissend und naiv alles losplaudern, was sie denken oder gehört haben.

Also sind wir es doch auch, die auf jeden Fall unseren Kindern gegenüber die Verpflichtung haben, eine gute Aufklärung der besonderen Art zu betreiben und wissen Sie wie das geht?

Wir müssen reden!

Wir müssen uns mitteilen und erklären und das nicht nur mit Schlagwörtern, sondern auch mit eventuellen Einzelheiten. Wenn wir es selbst nicht können oder uns nicht sicher sind, wie wir unseren Zustand am besten beschreiben sollen, dann kann unter Umständen auch der behandelnde Arzt mal mit Ihrem Kind (je nach Alter natürlich) reden, es dadurch ein wenig aufklären und soweit mit Informationen sensibilisieren, dass es hinter Ihnen und der Krankheit steht und es somit nicht zu weiteren Spannungen und Belastungen kommt.
Aus Erfahrung weiß ich, dass auch solch ein Schritt ungemein geholfen hat, allerdings müssen Sie Ihren Arzt vorab darauf ansprechen. Von alleine weiß er grundsätzlich nichts, das hatte ich ja bereits gesagt!

Ein weiterer Punkt zur Vorbeugung ist natürlich auch die Bewegung.
Bei einigen schlagen jetzt die Herzen höher und das liegt sicherlich nicht an der Freude, die Sie gerade verspüren. Wahrscheinlich haben Sie das in letzter Zeit schon zu oft gehört und es ist für Sie jetzt nicht gerade förderlich, dass ausgerechnet ich es dann auch noch hier aufführe.

Dennoch sagt es ein jeder nicht ohne Grund und viele Menschen glauben gar nicht, wie schön Bewegung sein kann.
Ich rede hier jetzt sicher nicht von dem Fahrrad im Keller, was nun extra angeschafft werden musste und wo

Sie sich jetzt jeden Tag sinnlos abstrampeln. Das bringt Ihnen sicherlich nicht viel, denn Sie tun es nur mit dem Kopf und nicht mit dem Herz.

Das ist ja wie bei Burnout, denn Sie wissen ja insgeheim schon im Kopf, was Sie belastet und haben aber innerlich einen großen Konflikt, dass Sie Ihren Kopf mit dem Herz und dem Bauchgefühl nicht auf einen Nenner bringen wollen und ich habe hier jetzt für alle Zweifelnden bewusst nicht das Wörtchen „können" benutzt.

Bewegung muss nicht nur im Kopf stattfinden, sondern für Körper und Geist gleichermaßen befriedigend sein. Wenn jemand im Keller auf dem Fahrrad schwitzt, ist und bleibt alles sehr monoton im Gegensatz zu denjenigen, die gute frische Luft um die Ohren kriegen und vor allem auch wichtige Eindrücke und Ablenkungen aufnehmen, die unser Glücksgefühl erheblich steigern können.
Da gibt es nämlich ganz viele und auch das ist wieder von Mensch zu Mensch sehr verschieden, weil sehr häufig eine Art Tunnelblick gebildet wird, was auf Dauer nicht gut ist.

Darum ist es vorrangig, den Kopf nach und nach wieder frei zu bekommen, damit wir auch wieder von selbst Dinge sehen und wahrnehmen, die für andere vollkommen normal sind.
Das ist auch mit ein Grund, warum ich Sie dazu animieren möchte, Ihre Bewegungen an der frischen Luft abzuhalten.
Während sich die eine Person über einen Schmetterling oder einen Marienkäfer freuen kann, trifft die andere Person einen guten Bekannten und unterhält sich mal

kurz oder was auch schon vorgekommen ist, man begegnet einem Herzmenschen.

Alles kleine Beispiele, die Ihnen im Keller nicht passieren können und kommen Sie mir bitte jetzt auch nicht mit dem schlechten Wetter. Grundsätzlich gibt es niemals schlechtes Wetter, sonder immer nur schlechte oder falsche Kleidung. Es sei denn, Sie erfreuen sich dann vielleicht mal an einer Spinne oder sehen den Staub, der mal wieder beseitigt werden müsste.

Also wirklich, Sie belasten sich gerade schon wieder, wo Sie sich eigentlich etwas Gutes tun sollten.

Wem solche Aktivitäten zu anstrengend sein sollten, der kann das gleiche auch mit einem Spaziergang oder natürlich auch mit einer Wanderung bewirken. Selbst wenn Ihnen auch das zu langweilig sein sollte, fragen Sie doch mal wieder einen Menschen in Ihrem direkten Umfeld, vielleicht gerade jetzt auch mal Ihren Partner oder Ihre Partnerin und gehen Sie vielleicht gemeinsam an die frische Luft.
Der Vorteil ist dann nämlich auch, dass Sie nicht ständig grübeln und nachdenken, sondern dadurch die ebenfalls wichtige Ablenkung bekommen.

Vielleicht möchten Sie auch einfach nur mit einem Hund nach draußen gehen, was jetzt nicht heißen soll, dass Sie sich deshalb ein Tier anschaffen sollen. Allerdings kann es doch sein, dass Sie diesen Wunsch sowieso schon lange verspüren und es wäre dann ganz sicherlich der perfekte Zeitpunkt. Manchmal haben aber auch die Nachbarn einen Hund und sind vielleicht noch berufstätig?

Selbst diese erfreuen sich dann auch sehr daran, wenn der Nachbar sich dann mal um das geliebte Tier kümmern kann.

Es gibt wirklich so viele Möglichkeiten, Ihren Körper wieder in Gang zu bringen, wenn SIE für sich selbst sagen können, dass Sie endlich aus Ihrem momentanen Zustand auch wieder herauskommen wollen.

Laufen, Wandern, Schwimmen, Fahrradfahren sind alles nur Beispiele und Aktivitäten, in denen der Körper ganz wichtige Glückshormone bilden kann, die für Ihren seelischen Zustand ganz besonders wichtig sind.

Bitte vergessen Sie nie, dass auch Burnout mitunter eine Kopfsache ist und Sie sich selbst belasten, aber auch entlasten können!

Weitere Möglichkeiten zur Entspannung sind sogenannte Entspannungstechniken und vor allem die schon erwähnten Atemübungen.

Wieder ein Punkt, wo Betroffene erfahrungsgemäß die Augen ganz weit aufschlagen und dabei sehr ungläubig schauen.

Doch auch hier muss ich sagen, dass gerade solche Übungen dem Körper sehr guttun.

Es wird auch von fachärztlicher Seite immer wieder dazu angeraten, diese Übungen sehr ernst zu nehmen, da diese in verschiedenen Situationen äußerst hilfreich sind. Ich weiß auch selbst, dass es nicht immer ganz einfach ist, aber probieren Sie es doch mal selbst aus.

Vor allem gerade dann, wenn Sie erneut das Gefühl bekommen, dass mal wieder eine Panikattacke in Anmarsch ist, der sie damit wunderbar entgegentreten können.

Gerade *Feldenkrais* bietet dazu sehr viele Informationen, die leicht verständlich und anschaubar sind.

Machen Sie es doch einfach mal und stellen Sie sich beim nächsten Mal auf beide Füße, um dann fünf Mal hintereinander tief ein– und wieder auszuatmen. Sie werden sehen, es wird Sie auf jeden Fall entspannen, wenn es auch nur für einen kurzen Moment ist.

Eine gesunde Lebensweise ist der nächste Punkt, den wir uns näher betrachten sollten.
Dazu gehören ganz sicher feste Mahlzeiten, die wir vor allem langsam und bewusst aufnehmen sollten. Sie sind in der Tat eine wichtige und intensive Grundlage für unser Immunsystem und können auch dafür sorgen, dass Anspannungen anders aufgenommen werden können.

Jeglicher Ärger auf einen nüchternen Magen belastet einfach viel mehr als das Doppelte und kann dadurch ganz einfach vermieden werden.
Ich stelle immer wieder fest, dass Betroffene ihren eigenen Körper und alles was damit zu tun hat, viel zu wenig kennen.

So passiert es nicht selten, dass Menschen erst durch diese Aufklärung plötzlich verstehen, warum sie manchmal so gereizt sind und sich das ausgesprochen schnell legt, wenn sie etwas gegessen haben.
Natürlich spielt auch der Getränkehaushalt eine wichtige und vor allem entscheidende Rolle, weil bei einem Defizit grundsätzlich auch der körpereigene Kreislauf verrückt spielen kann. Alles Botschaften eines Körpers, der sich zu verstehen geben möchte und wo häufig die Sprache des Körpers nicht verstanden wird.

Die Folge kann unter Umständen sein, dass ein Mensch einfach mal so umkippt. Während die Lösung eigentlich klar und einfach ist, entstehen ganz viele zusätzliche

Denkweisen und Belastungen bei einem Menschen, der sprichwörtlich schon den Teufel an die Wand malt und Angst davor hat, er sei nun schwer erkrankt.

Wir hören und lesen immer wieder, dass man uns dazu anhält Sorge zu tragen, dass wir circa zwei bis drei Liter am Tag trinken sollen. Doch fragen Sie mal in Ihrem Umfeld, wie viel so jeder einzelne wirklich zu sich nimmt.
Selbstverständlich werden Sie Personen finden, die Ihnen das locker bestätigen werden, aber das ist ja auch nicht der Punkt, denn Sie finden auch Menschen, die abwinken und nicht im Geringsten auf diese Menge kommen.
Nur muss man sich doch mal fragen, warum wir solche Mengen angeraten bekommen?
Sicherlich nicht zum Spaß, denn auch wenn es für viele jetzt ein alter Hut ist, wir haben Organe, die genügend Flüssigkeit benötigen, um für uns richtig funktionieren und agieren zu können.

Bei Ihrem Auto ist das doch auch klar verständlich, denn Sie müssen tanken, um fahren zu können und Sie müssen nach dem Öl schauen, damit der Wagen nicht irgendwann einen Motorschaden bekommt.
Komischerweise leuchtet es uns mit solch einem Beispiel immer schnell ein, warum aber nicht schon lange vorher?

Nun gibt es selbstverständlich wieder viele Betroffene, die sich ganz sicher sind, dass sie ja stets ausreichend Flüssigkeit zu sich nehmen und zählen dann unter anderem Kaffee, Bier, Cola, etc. auf.

Lassen Sie mich dazu bitte folgendes feststellen. Kaffee ist sicherlich erst einmal nichts Schlechtes, allerdings nur dann, wenn er nicht in größeren Mengen am Tag getrunken wird und er damit schon fast die einzige Flüssigkeit ist, die Ihr Körper bekommt.

Kaffee brauchen viele Menschen zum Munterwerden und einige auch noch am Nachmittag, um noch in Gang zu bleiben.

Dagegen ist nichts einzuwenden, sofern wir hier von zwei bis drei Tassen und nicht von Litern reden. Was viele Menschen nämlich vergessen oder aber auch nicht wissen, ist die Tatsache, dass ausgerechnet Kaffee in einer höheren Menge auch ein Energiekiller ist und dem Körper mehr Probleme bringen kann, als wir es annehmen.

Dazu kann dieses Getränk auch noch reizen und uns nicht selten nervös machen. Alles Dinge, die wir unter Burnout momentan sowieso nicht gebrauchen können, denn wir sind schon nervös genug.

Deshalb überdenken Sie bitte Ihren Konsum und drosseln Sie ihn etwas. Es gibt genügend alternative Getränke, die wir stattdessen zu uns nehmen sollten.

Mit dem nächsten Punkt werde ich vielleicht die Biertrinker gegen mich aufbringen, denn auch hier weiß ich aus etlichen Gesprächen, dass man glaubt, Bier wäre ein gutes Getränk.

Natürlich ist es das, keine Frage, aber wenn wir von Bier reden, müssen wir auch wieder hinterfragen, wie viel trinke ich denn und vor allem wie oft?

Ich werde hier jetzt den Teufel tun und ganz bestimmt nicht über Alkoholismus schreiben, aber ich gebe einfach mal den kleinen Anstoß an Sie weiter und lasse Sie entscheiden, wie wichtig das tägliche Bier für sie zum gegenwärtigen Zeitpunkt wirklich ist?

Zum Schluss kommen natürlich auch noch die vielen Zuckergetränke dran, die in Massen ebenfalls nicht gesund sind und dem Körper mehr Schaden zufügen, als es uns bewusst ist. Dabei ist es auch völlig egal, ob Sie sich nun davon distanzieren möchten, weil Sie nur „Zero" zu sich nehmen. Glauben Sie mir, wenn ich Ihnen sage, dass all diese Getränke Ihnen nicht guttun, sofern Sie davon am Tag zu viel trinken.

Sowieso gibt es nur eine richtige Aussage, die auch von vielen Ärzten gestützt wird, alles in Maßen ist für uns in Ordnung, alles in Massen sollten wir seinlassen.

Der Punkt ist auch relativ einfach zu erklären. Selbst wenn wir wirklich am Abend nur das berühmte Gewohnheitsbierchen zu uns nehmen, laufen wir doch Gefahr, aufgrund der momentanen Anspannungen, Belastungen und Probleme den Konsum zu erhöhen. Einige trinken plötzlich auch bewusst mehr Alkohol, um eventuell die Sorgen wegzutrinken oder vergessen zu wollen, was aber niemals funktionieren wird.
Dazu kommt noch, sollten Sie schon Medikamente zu sich nehmen, können diese dann sowieso nicht den gewünschten Erfolg bringen.

Wie ich halt schon erwähnt habe, muss der Körper eine ausgewogene Ernährung und Lebensqualität bekommen und dazu sollten Sie sich angewöhnen, auch ruhig mal ein wenig mehr Wasser zu sich zu nehmen, denn es enthält auch alle notwendigen Bausteine und Mineralien, die wir einfach brauchen.
Wenn Sie bisher nie Wasser getrunken haben, dann fangen Sie doch klein an und steigern sich langsam auf eine annehmbare Menge.
Bitte denken Sie stets daran, es ist in der Tat alles nur eine Gewohnheit.

Immer wieder kommen solche Gespräche vor, dass wir das eine oder das andere nicht können und ich sage hier erneut, es liegt nur an Ihnen und was Sie wollen.

Ein Mensch, der sein ganzes Leben immer Langschläfer war, wird mir den Vogel zeigen, wenn ich ihn bitte, mal schon am Morgen aufzustehen.
Doch wenn ihn ein Umstand dauerhaft dazu bringt, wird er auch feststellen müssen, dass es ja geht, wenn man nur will oder unter Umständen auch musste. Wir sind einfach in und bei solchen Dingen und in vielerlei Hinsicht einfach nur Gewohnheitstiere, die sich an das gewöhnen, was zeitgemäß gerade angesagt ist oder wir selber bestimmen dürfen oder können.

Damit bin ich wieder bei einem wichtigen Beitrag dafür, dass es Ihnen besser geht, denn Schlaf ist und war schon immer die beste Medizin.
Wie schon erwähnt, wenn es einer Katze nicht gut geht, legt sie sich in eine Ecke und schläft und schläft und schläft.
Bei Menschen ist das nicht anders, wobei wir alle ein sehr unterschiedliches Schlafverhalten haben. Während manche Menschen schon mit ein paar wenigen Stunden zurechtkommen, können andere nicht genug Schlaf bekommen und liegen selbst mittags noch im Bett.
Das ist auch alles vertretbar, nur müssen wir lernen, den Schlaf so anzunehmen, wie der Körper es uns durch Müdigkeit zeigt.

Ich höre oftmals die Aussagen, man könnte doch jetzt nicht einfach so schlafen, es gäbe doch schließlich reichlich zu tun.

FALSCH !

Sie müssen oder sollten sogar Ihrem Körper die nötige Ruhe geben und dafür sorgen, dass er sich ausruhen kann.

Wir merken es im zunehmenden Alter noch viel mehr, wenn unser Körper nicht ausreichend Schlaf bekommen hat. Allerdings auch, wenn wir zuviel schlafen, denn das ist ebenso nicht förderlich für eine gute Tagesform, deshalb muss jeder Mensch die Balance für sich selbst finden. Auch ein Mittagsschlaf kann zur Entspannung führen und wenn Ihnen danach ist und die Umstände es zulassen, dann gönnen Sie sich die Zeit.

SIE sind für Ihren Körper der Herrscher und SIE dürfen auch alles liegen lassen und sich schonen.
Selbstverständlich funktioniert das alles nur, wenn Sie gleichzeitig lernen, dabei mal völlig abzuschalten.
Nicht grübeln, nicht denken und sich nicht unnötig belasten, denn erneut sage ich, die Suppe wird heißer gekocht, als wir sie essen.
Wenn Sie damit Probleme haben, nehmen Sie sich sogenannte Einschlafhilfen, wie zum Beispiel leise Musik oder entwickeln Sie einfache Einschlafrituale, in denen Sie sich noch ein Buch mit ins Bett nehmen. Egal was und egal wie, nur sorgen Sie dafür, dass Ihr Körper die nötige Ruhe und Ausgeglichenheit bekommt.

Wie oft machen wir uns mit Gedanken verrückt, die hinterher nur noch zu belächeln sind und von uns fallen, als hätten wir einen schweren Stein von uns geschmissen.

Ein Betroffener läuft dabei grundsätzlich Gefahr, sich Probleme noch richtig heiß zu reden, wo eigentlich keine sind.

Ich möchte Ihnen gerade hierzu noch ein paar Beispiele geben, damit Sie das Querdenken verstehen, denn selbstverständlich kann ich kein Buch mit allen Gedanken schreiben.

Es passiert nicht selten, dass Ihr Umfeld Ihnen in irgendeiner Art und Weise helfen will und Ihnen dabei auch mal etwas abnehmen möchte. Dabei ist es jetzt völlig egal, was das im Einzelfall ist.

Während aber der eine glaubt, Ihnen noch damit einen Gefallen zu tun, nehmen viele Betroffene es so auf, als würde man nun bestraft werden.

Häufig finden wir gerade dieses Verhalten, wenn es um den Arbeitsplatz geht oder zumindest mit der Arbeit zu tun hat.

Ich erwähne diesen Punkt ganz absichtlich, denn es passiert am häufigsten, dass wir unser Ausbrennen schon weit vorher bemerken, es aber auf keinen Fall zugeben wollen.

Im Gegenteil, wir lasten uns noch mehr auf und versuchen, noch mehr Aufgaben an uns zu reißen, damit wir allen und jedem Mitarbeiter beweisen können, wie unersetzbar wir doch eigentlich für den Betrieb oder den Chef sind. Wir bemerken auch oftmals schon lange nicht mehr, dass wir häufiger Fehler machen und die eigentliche Arbeit nicht mehr zur vollsten Zufriedenheit ausrichten können.

Doch Fakt ist nun mal, dass die Menschen um uns herum nicht blind sind und natürlich diese Dinge manchmal viel schneller sehen und bemerken.

Nicht selten werden wir dann sogar darauf angesprochen und reagieren gereizt oder legen uns auf einmal mit den Kollegen oder sogar auch dem Chef oder Vorgesetzten an.

Ich unterstelle auch hier, dass es bestimmt viele Kollegen einfach nur gut gemeint haben, was wir aber sofort verneinen und genau wissen, dass die uns ja nur schaden wollten.

Es passiert dann nicht selten, dass der Chef, der eigentlich zu und hinter seinem Angestellten steht, aus Rücksicht auf die Person oder auch die Krankheit eine Aufgabe abnimmt, einfach nur, um die betreffende Person etwas zu schonen oder zu entlasten. Vielleicht schickt er jemanden auch nach Hause und bittet einfach darum, dass man sich mal ein paar Tage ausruhen kann.

Für eine erkrankte Person sieht das dann häufig eher nach einer Abschiebung oder Degradierung aus und er bricht nicht selten unter der Sorgenlast zusammen, dass nun alles verloren sei.

Immer wieder höre ich, dass man mit solch einer Gutmütigkeit überhaupt nicht zurechtkommt, weil man große Angst hat, es wird einem hinterher vorgehalten oder natürlich auch aus Schamgefühl dem Chef oder den Kollegen gegenüber.

Doch mal im Ernst, wofür müssen Sie sich dabei schämen?

Etwa dafür, dass Sie krank geworden sind?

Das sollten Sie nämlich ganz sicher nicht, denn krank können wir alle werden und das jederzeit. KEIN Mensch ist vor dieser Krankheit gefeit und kann deshalb auch relativ schnell zu einer psychischen Beschwerde oder Belastung kommen.

Wir müssen uns immer wieder darüber bewusstwerden, dass dafür die unterschiedlichsten Gründe eine Rolle spielen können und wenn ich unterschiedlich sage, dann kann das unter Umständen auch schon sehr lang zurück liegen und uns innerlich, manchmal unbewusst, auf der Seele gelastet haben. So sehr, dass es bedingt durch andere Anstöße erst relativ spät zum Ausbruch kommt.

Vergessen dürfen wir dabei auch nicht, dass die Menschheit sehr unterschiedlich belastbar ist und es halt sehr sensible und natürlich auch nervenstarke Personen gibt. Allerdings können beide Gruppen genauso schwer erkranken, also schämen SIE sich auf keinen Fall dafür.

Im Gegenteil, Sie müssen lernen umzudenken!

In der heutigen Zeit kommt es viel häufiger vor, dass wir bei Fehlern sofort hart und gnadenlos abgestraft werden. In den häufigsten Fällen wird dann schnell eine Abmahnung erteilt, in der Hoffnung, der Arbeitnehmer macht den gleichen Fehler noch einmal und man kann ihn dann loswerden.
Also reden wir dann von einer Kündigung!

Nun können nur Sie wissen, was Ihnen momentan auf der Seele brennt.
Wenn der Fall offensichtlich ist und der Chef oder die Kollegen Sie wirklich nur schonen wollten, dann sollten Sie glücklich sein und es auch dankbar annehmen. Bei einer Böswilligkeit hätte man Sie doch schon längst nicht mehr mit Samthandschuhen angefasst und Sie gekündigt. Das wäre aber der normalste Weg im Leben.
Vielleicht war der Chef auch böse und vielleicht haben Sie diesen Menschen noch nie vorher so erlebt, **aber** vielleicht konnte er Ihnen auch nur so endlich mal zu verstehen geben, dass Sie mal eine Auszeit brauchen und

erst dann wieder kommen sollen, wenn es Ihnen wieder richtig gut geht und Sie auch völlig einsetzbar sind.
Ich weiß aus sehr vielen Fällen, dass Betroffene dann immer wieder den Kontakt zur Firma, zum Chef oder den Kollegen versucht haben zu halten, einfach nur, weil sie Angst hatten, sie verlieren etwas oder sie wären nun abgeschrieben.

Ein Chef, der nicht mehr hinter Ihnen steht, wird fast immer den Schritt in Richtung einer Kündigung machen müssen. Allein schon aus dem Grund, weil ihm sein Betriebsergebnis oft viel wichtiger ist, als der Mensch, der ja nun leider immer ersetzbar bleibt.

Deshalb sollten SIE jetzt auch nicht darüber grübeln oder sich irre machen lassen. Mal ganz ehrlich, glauben SIE wirklich, SIE können jetzt etwas ändern und ein Ergebnis beeinflussen?

Das Einzige, was Sie jetzt wirklich erreichen können, ist die alleinige Tatsache, dass Sie sich unter Umständen noch mehr schaden und es spätestens dann zu einer Trennung kommt.

UND, ganz klar muss ich an dieser Stelle auch betonen, dass auch eine Kündigung nichts Dramatisches ist.

Jawohl, SIE haben mich richtig verstanden!

Ihre Kündigung kann nicht der Grund dafür sein, dass SIE jetzt mit einer Nullbock-Einstellung in den Tag gehen oder Sie jetzt krank sind und Ihr Leben angeblich nichts mehr wert ist.
Das ist Schwachsinn und ich möchte Ihnen erklären, warum ich so ein unfreundliches Wort dafür benutze.

96

Ob Sie mir das nun glauben wollen oder nicht, Arbeit ist wirklich genug auf dem Markt und selbstverständlich weiß ich, dass es nicht umsonst sehr viele Arbeitslose gibt.

Wahrscheinlich werfen Sie mir jetzt vor, ich würde völlig am Rad drehen, denn die Zahlen sind ja nun mal bekannt und wenn die Lösung und alles drum herum so einfach wäre, dann hätte ja jeder schnell wieder eine Arbeit.

Wenn Sie sich das genau so jetzt vor Augen halten, dann kann ich Ihnen nur sagen, ja, im Grunde genommen ist es genau so, **aber** ich kann Ihnen noch etwas anderes dazu sagen.

Die Arbeitslosenzahl wäre ganz sicherlich um ein deutliches geringer, wenn der Mensch flexibler wäre.

Flexibler zum Beispiel mit der Aufgabe, denn immer wieder höre ich, es hat sich ja jetzt nicht ein Jemand nach oben gearbeitet, um wieder ganz unten anzufangen.

Sicher, man kann solch eine Aussage so stehen lassen und sagen, okay, wenn das Arbeitslosengeld oder später das derzeitige Bürgergeld die bessere Alternative oder Erfüllung für jemanden ist, dann hat sich der Mensch dafür entschieden.

Ich könnte aber auch anmerken, dass es manchmal nicht verkehrt ist, noch einmal ein paar Stufen unten anzufangen, denn man wäre wieder in einem geregelten Arbeitsverhältnis und hätte wohl besser die Chance, wieder ganz nach oben zu kommen und auch dabei rede ich selbst aus Erfahrung.

Flexibler heißt aber auch, unter normalen Umständen einen Ortswechsel mit in Betracht zu ziehen und die ersten, die jetzt natürlich die Augenbrauen hochziehen, sind Haus- oder Wohnungsbesitzer, ich bin auf alles vorbereitet.

Doch bitte lassen Sie mich meine Anregung zu Ende bringen, denn es ist ja nun mal klar, dass es auch viele Menschen gibt, die zur Miete wohnen.

Aus unzähligen Gesprächen weiß ich, wie bequem wir doch geworden sind. Wir möchten alles so, wie es uns am besten passt und gefällt und nicht selten nörgeln wir auch daran noch herum.

Die Bequemlichkeit kennt viele Gründe und damit meine ich ganz sicherlich nicht die vielen Bringdienste, die aus dem Boden geschossen sind, wobei auch sie dafür ein passendes Beispiel sein könnten.

Nein, ich rede von der Bequemlichkeit, die bei uns im Kopf stattfindet. *„Hier habe ich doch alles, hier ist dies und hier ist das und hier sind meine Freunde und, und, und."*

Wenn Sie sich dafür in dieser Form entscheiden haben und an Ihrer Meinung festhalten wollen, dann ist das Ihr gutes Recht, aber dann müssen Sie sich auch gefallen lassen, wenn jemand sagt, SIE wollen vielleicht an Ihrer allgemeinen Situation auch nicht wirklich etwas ändern!

Ich möchte hier das Beispiel von zwei relativ jungen Menschen nehmen.

Beide kommen aus einer Kleinstadt und wollten unbedingt in die Gastronomie, wobei die Berufswahl jetzt nebensächlich ist.

Während der junge Mann lieber an seinen Freunden, dem Verein, dem Elternhaus und vielen etlichen anderen Gründen festhielt, bewarb sich das Mädchen in eine Großstadt und bekam einen tollen Job. Einige Jahre später war der Mann noch immer in seiner kleinen Heimatstadt, lebte durch die vielen Schließungen in der

Gastronomie von gelegentlichen Jobs oder er bezog hauptsächlich Bürgergeld. Die Schuld gab er dem System, dass sich halt alles zum Schlechten verändert hatte.

Die junge Frau hingegen hatte sich durch viel Fleiß etabliert und hochgearbeitet und war mit ihrem Leben sehr zufrieden. Sie hatte es nie bereut, ihren damaligen Wohnort verlassen zu haben und hatte alles gefunden, was sie sich vorgestellt hatte.

Natürlich ist es wieder nur ein Beispiel, aber vielleicht hilft es Ihnen ja in Ihrer eigenen Betrachtungsweise. Manchmal ist ein Ortswechsel nicht verkehrt und bringt viele neue Möglichkeiten mit sich.

Nicht andere Menschen leben IHR Leben, sondern SIE leben es und es liegt auch an IHNEN, ob SIE für IHR Leben etwas tun wollen oder ob SIE es ändern möchten, wenn SIE nicht mehr zufrieden sind.

Viele Menschen äußern sich und sagen, nichts passiert von allein und der Weg wäre vorgegeben. Das geht aber nicht ohne SIE und SIE müssen das ein oder andere Mal auch eine Menge dafür tun.

Trotzdem möchte ich darauf hinaus, dass ein Orts-, Berufs- oder Arbeitsstellenwechsel auch etwas Wunderbares sein kann und Sie vielleicht noch viel glücklicher und auch zufriedener machen kann. Ich kenne dazu sehr viele Erlebnisse und kann deshalb nur an SIE persönlich appellieren, einer Kündigung oder einem Berufswechsel nicht die übergeordnete Rolle zu geben, dass SIE nun leiden müssen.

Wieder sage ich hier ganz bewusst „nicht müssen", denn inwieweit SIE ein Problem an sich selbst und persönlich heranlassen, dass entscheiden letztendlich immer nur SIE allein.

Und eines ist auch klar, Freunde und gute Bekannte verliert man nicht, wenn wir sie in Zukunft weniger sehen und wenn doch, dann sollten wir überlegen, ob sie es wert waren.

Doch kommen wir wieder auf den eigentlichen Punkt, nämlich „Burnout".

In der Regel haben wir auch in der ganzen langen Zeit davor, bis es nun zu einer ärztlich verordneten Ruhepause kam, unsere Kontakte vernachlässigt und vielleicht auch das ein oder andere Mal ungewollt vor den Kopf gestoßen. Dabei ist es auch hier wichtig, dass Sie deshalb keinerlei Schamgefühl entwickeln oder aufbauen müssen und *wenn* Sie wollen, nun die Möglichkeit, die Zeit und unter Umständen auch schon das Wissen haben, die entstandene und gegenwärtige Situation, aber auch Ihre Gefühlslage zu erklären. Allerdings nur dann, wenn Sie sich dazu schon imstande fühlen.

Alles was Sie nun in dieser Zeit tun und unternehmen, sollte voll und ganz auf Ihre Bedürfnisse und nach Ihrem Willen ausgerichtet sein. Vergessen Sie das bitte nicht! Verfallen sie bitte nicht wieder in das Muster, wo Sie Ihr eigenes Leben vergessen und wieder nur noch für andere alles tun.

SIE müssen begreifen und verstehen, dass IHR Leben ab sofort im Mittelpunkt zu stehen hat und nicht danach leben, was andere von Ihnen fordern oder verlangen.

Lernen Sie Grenzen zu setzen und vor allem ganz wichtig, lernen Sie auch stets mal **Nein** zu sagen. Es geht nicht darum, was andere dabei fühlen, sondern SIE sind jetzt wichtig. Wir können auch eine Bitte mal ablehnen und dazu erklären, dass wir uns zurzeit nicht wohlfühlen oder uns einer Aufgabe nicht gewachsen fühlen oder einfach mal noch Ruhe brauchen.

SIE müssen das sagen, IHNEN kann niemand in den Kopf schauen und eigentlich machen Sie sich das Leben nur noch schwerer, wenn Sie wieder Sachen machen, die Sie eigentlich nicht machen möchten, aber es nur tun, um eine andere Person nicht erneut zu verletzen oder vor den Kopf zu stoßen.

Ich weiß, dass es wieder viele Menschen gibt, die hier sofort sagen, das geht aber nicht, weil ja niemand anderes da ist.
Somit sind wir, wie immer, bei der nächsten Ausrede.

Jawohl, SIE haben richtig gehört, ich habe „AUSREDE" gesagt.

Wissen Sie auch warum?

Wenn Sie sich Arme und Beine gebrochen hätten, dann könnten Sie auch nichts tun und es würde auf jeden Fall eine Alternative geben. Das einfache Denken muss nicht immer das richtige Denken sein und eine psychische Krankheit darf nicht einfach wieder unter den Tisch oder kleingeredet werden.

ENDE

Ach ja, da war es ja wieder, bei Ihnen ist ja alles nicht so schlimm, Sie leiden ja zum Glück nur an Burnout.

WACHEN SIE BITTE MAL AUF!

Sie leiden tatsächlich an einer Krankheit, mit der hier nicht zu spaßen ist und nur, weil Sie keinen Gips am Körper haben und es andere Menschen Ihnen nicht ansehen können, es trotzdem eine sehr schwere Krankheit bleibt, wenn **SIE** nicht etwas dagegen tun!

Muss es denn jedes Mal erst ganz dick kommen, bis ein Mensch begreift und realisiert, dass er schwer krank geworden ist?
Muss es denn immer wieder Betroffene geben, die in solch einer schwierigen und belastenden Zeit nicht mal auf den Rat von den Menschen hören, die sich schon wirklich damit auskennen und damit meine ich auch in erster Linie unsere Ärzte?
Glauben Sie wirklich, die diagnostizieren Burnout nur so zum Spaß?
Um IHNEN damit einen Gefallen zu tun oder weil denen nichts anderes einfällt?

Ich möchte es Ihnen bewusst anders sagen. Sie können sich alle Knochen brechen und dann das Glück haben, dass Sie irgendwann mal wieder so hergestellt sind, dass Sie keine Beeinträchtigungen mehr spüren.

WARUM?

Weil Sie sich automatisch schonen mussten, denn der Gips sorgte schließlich dafür, dass die Knochen ihre nötige Schonung bekamen und Ruhe hatten.

Gegen Burnout gibt es keinen Gips, aber die Verordnung sich zu schonen und viele andere Sachen die dazu beitragen sollen, dass es Ihnen irgendwann wieder gut geht.

SIE müssen diese entweder annehmen und beherzigen, weil SIE gesund werden möchten, oder SIE lassen es sein und werden noch schlimmer krank.

Glauben Sie bitte nicht, dass es so bleibt, wie es bei Ihnen vielleicht zurzeit ist. Wenn Sie das Gefühl haben, Sie leiden jetzt schon, dann sollten Sie einiges an Ihrer Einstellung ändern und ich helfe Ihnen auch dabei, sofern Sie Hilfe annehmen möchten.

Sollten Sie allerdings lieber zu den Risikopatienten gehören, die immer alles auf die leichte Schulter nehmen und denken, das kriegen Sie auch so hin, dann spielen Sie jetzt mit einem Feuer, woran Sie sich vielleicht das erste Mal im Leben so richtig verbrennen können.

Und zwar lebensgefährlich!

Burnout kann noch viel schlimmer werden. Sie können unter Umständen in solch schwere Depressionen fallen, dass Sie ein normales Leben überhaupt nicht mehr sehen, führen und leben können und eine Krankheit bekommen, die viel intensiver und vor allem sehr viel zeitintensiver und langwieriger behandelt werden muss.

In meiner damaligen Zeit der Ausbildungen, durfte ich einige Praktika auf psychosomatischen Stationen verbringen und ich kann Ihnen verraten, wer glaubt, eine Sache sei schlimm, dem sei stets gesagt, schlimmer geht immer und es gibt keine Luft nach oben. Ich habe Menschen kennengelernt, die so schwer an Burnout erkrankt waren, dass sie Pflegefälle wurden und in Erwerbsminderungsrente gehen mussten.

Spekulativ könnte ich jetzt die Theorie aufstellen und sagen, es waren vielleicht auch Menschen, die Burnout nicht ernstgenommen haben.

Doch das möchte ich nicht, aber in wie weit ein Burnout krank machen kann, scheinen heutzutage noch immer sehr viele Menschen zu unterschätzen.

Bitte denken Sie daran, Burnout ist nur ein Oberbegriff!

Darunter stehen ca. dreihundert Diagnosen, an deren erster Stelle ganz klar die Depression geführt wird und wie schlimm Depressionen sind und wie gefährlich diese auch sind, haben Sie sicher schon gehört oder können das nachlesen.

Und was noch viel wichtiger ist, glauben Sie bitte nicht, dass Sie der Krankheit sagen können wann es genug ist, wenn Sie nichts dagegen tun. Psychische Krankheiten können derartig schlimm werden, dass Ihr gesamtes Leben aus den Fugen geraten kann. Lassen Sie es nicht so weit kommen und treiben Sie es bitte nicht an die Spitze, Sie können dabei nur verlieren.

Deshalb noch einmal, SIE entscheiden für sich allein, wo der Weg Sie hinführen soll. Es darf wirklich nicht sein, dass Ihnen der Arzt sinnbildlich eine Wunde zunäht und SIE zuhause dann selbst wieder die Fäden ziehen. Das machen Sie solange, bis der Arzt nicht mehr nähen kann, weil die Wunde einfach zu groß geworden ist.

Früher wurde Ihnen bei Windpocken auch ständig gesagt, dass Sie nicht kratzen dürfen, weil hässliche Narben zurückbleiben könnten und fast ein jeder hat sich zusammengerissen und darauf gehört.

Sie müssen sich daran gewöhnen, dass man Ihre Krankheit nicht einfach so erkennen oder Ihnen schon gar nicht ansehen kann. Sie sind derzeit eine gut plakatierte Litfaßsäule, in die kein Mensch hineinsehen kann.

Und genau das führt leider auch immer wieder zu Missverständnissen zwischen Ihnen und Ihrem Umfeld. Keiner, außer vielleicht Ihrem direkten Umfeld, sieht Ihnen ja an, dass Sie innerlich erkrankt sind und zwar unter Umständen sogar sehr schwer.

Wahrscheinlich sieht jede Person weiterhin nur Ihre freundliche, herzliche, liebevolle Art, mit dem immer gleichbleibenden Lächeln und niemand kann sich auch nur annähernd erklären, dass es ausgerechnet SIE jetzt getroffen hat.

Es ist hinlänglich bekannt, dass sich viele Betroffene nicht so einfach mitteilen wollen, weil es eben vorkommen kann, dass wir dann danach als plemplem hingestellt werden.
Lassen Sie mich dazu ganz klar sagen, wer solche Äußerungen von sich gibt oder auch nur ansatzweise im Kopf hat, der ist es mit größter Wahrscheinlichkeit selbst und wir brauchen uns über einen IQ bei dieser Person keine Gedanken machen, denn der kann nicht sonderlich hoch sein.

Es ist mehr als wichtig zu wissen, dass SIE sich nicht erklären müssen, wenn es Ihnen dabei und damit besser geht.
Es passiert nämlich nicht selten, dass Betroffene ihrem Umfeld eine ganz andere Krankheit aufzeigen, nur damit sie endlich ihre Ruhe finden.

Ruhe, nur dieses Wort ist für Sie wichtig, denn die brauchen Sie jetzt für sich selbst am allermeisten, um zu genesen, um klare Gedanken zu fassen, um Ihre Lage zu analysieren, um Kraft zu finden und um zu wissen, wie Sie anders, gestärkter und sicherer wieder Ihre Zukunft gestalten werden.

Es kann Ihnen natürlich auch passieren, dass Sie Mal ganz unterschiedliche Meinungen von verschiedenen Fachleuten oder Ärzten hören werden, was einfach damit zusammenhängt, dass jeder Patient andere Empfindungen hat. Wichtig ist dabei aber nur, dass Sie dadurch nicht nervös oder unruhig werden sollten.
Ein Beispiel dazu, sind manchmal die ungewöhnlichen Ratschläge, sich doch nun öfter mal in die Wanne zu legen und zum Beispiel Entspannungsbäder durchzuführen.
Bei Menschen, die tatsächlich gerne baden, kann das auch etwas Wunderbares sein, aber es gibt natürlich auch genügend Betroffene, für die ein Bad unter Umständen überhaupt nicht den gewünschten Erfolg bringt, aus den unterschiedlichsten Gründen und weil ein Bad eher als Strafe gesehen wird. Dann kann natürlich kein Mensch entspannen und es wird eher als Qual aufgenommen.
Letztlich sind es ja nur gutgemeinte Vorschläge, was Sie dann für sich übernehmen, entscheiden doch sowieso Sie selbst.

Noch einmal und ganz wichtig, der Mensch ist **nie** mit einem anderen Menschen vergleichbar, auch wenn sich viele Punkte und vielleicht auch Beschwerden ähneln. Wenn der eine etwas verschrieben bekommen hat, bedeutet es keineswegs, dass auch der andere das gleiche Medikament bekommt und selbst wenn, können die Einnahmen sehr unterschiedlich sein. Was Sie selbst niemals tun sollten ist die traurige Tatsache, dass manche Betroffene ein Medikament privat weitergeben, weil es demjenigen selbst so gut geholfen hat und man nun in dem Irrglauben ist, das wäre dann bei jedem Menschen auch der Fall. Glauben Sie mir, dass habe ich in meinem Leben so oft hören müssen und es gab eine Zeit, in der in bestimmten Foren im Netz, ganz offen darüber gesprochen und gehandelt wurde.

Ein Medikament, gleich welcher Art, hat grundsätzlich immer der behandelnde Arzt zu verschreiben und niemand anders!

Sie sind es und Sie bleiben es ganz allein, der die Kraft für den Alltag nun finden und dosieren muss und auch seine Aufgaben komplett überdenken muss, damit Sie für sich Sorge tragen können, keinerlei negative Erschöpfung mehr zu bekommen.
Vergessen Sie zurzeit einfach mal, dass Sie ansonsten immer für alles verantwortlich sind und besinnen Sie sich auf Ihre eigene Gefühlslage, die nicht besser werden kann, wenn Sie sich nicht schonen.

Und wenn SIE jetzt an dieser Stelle sagen, das geht nicht so einfach, dann erinnern Sie sich bitte an das gute Beispiel, Sie würden nun in einem Gipsbett liegen, denn dann könnten Sie auch nichts tun, das hatte ich Ihnen bereits schon einmal angeführt.

Verstehen müssen Sie es allerdings selber!

Burnout und Antidepressiva

In sehr vielen Fällen ist es nun mal unumgänglich, dass dem Betroffenen ein Antidepressivum verschrieben werden sollte und ich gehe sogar noch einen Schritt weiter und sage „muss".

Natürlich kenne ich dazu all Ihre Bedenken und selbstverständlich auch die Meinung von unzähligen Besserwissern, die glauben, dass solche Medikamente dann erst recht plemplem machen oder Sie sogar süchtig werden oder etliche andere Aussagen.

Vielleicht sollten wir uns deshalb vorab ernsthaft mit der Frage beschäftigen, was Antidepressiva überhaupt sind, damit wenigstens SIE auf dem richtigen Kenntnisstand sind und Ihre Mitmenschen unter Umständen belehren können.

Klar, es sind Medikamente, aber Arzneimittel, die Ihnen in Ihrer momentanen Lage sehr gut helfen können, IHR Leben und IHREN Alltag wieder gefestigter und sicherer meistern zu können.

Sprich, diese können dafür sorgen, dass Sie wieder leben und Schwierigkeiten besser wegstecken können.

Die häufigste Frage ist stets: Machen diese Medikamente süchtig?
Das ist nämlich die Angst von vielen Menschen und der Grund dafür, dass leider viele Patienten ihre verordneten Arzneimittel nicht richtig oder auch überhaupt nicht einnehmen.

Ich sage Ihnen dazu ganz klar, es gibt nur noch relativ wenige Antidepressiva die süchtig machen, wobei ich dazu ebenfalls erwähnen möchte, dass kein Arzt daran interessiert ist, Ihnen dauerhaft irgendwelche Suchtmittel zu verschreiben. Jeder Arzt wird abwägen müssen, wie es Ihnen geht und was er Ihnen erst einmal verordnen wird, damit es Ihnen besser gehen kann. Sofern es sich dabei dann um ein Medikament handelt, welches auf Dauer süchtig machen kann, wird ein guter Arzt stets mit Ihnen nicht nur die Dosierung, sondern auch die Wirksamkeit des jeweiligen Medikamentes besprechen. Das bedeutet, dass gerade am Anfang vielleicht erst einmal etwas verschrieben wird, was sehr schnell hilft und dieses dann auch nach einer Weile gegen ein anderes Medikament ausgetauscht wird.

Ein Facharzt heutzutage ist in der Regel immer stets bemüht, dass Sie nicht abhängig werden, dazu wurden viel zu gute Medikamente auf den Markt gebracht und Sie werden sich durch diese Medikamente auch nicht persönlichkeitsbedingt verändern.
Die Wahrscheinlichkeit, dass so etwas passiert, würde nur dann zutreffen, wenn Sie sich nicht behandeln ließen und verordnete Arznei ignorieren würden.

Doch warum überhaupt Antidepressiva?

Wenn Sie für sich mal selbst nachdenken, gibt es viele Krankheiten, wo Medikamente nicht mehr wegzudenken sind. Teilweise sind sie sogar lebensnotwendig und werden halt von Ärzten verschrieben, damit der Patient eine wesentliche Linderung oder Verbesserung bekommt. Dabei werden in der Regel auch noch etliche frei verkäufliche Arzneimittel selber besorgt und eingenommen.

Burnout ist leider auch eine Krankheit und je nach Schwere und Verlauf entscheidet Ihr Arzt mit Ihnen gemeinsam, ob Sie Antidepressiva brauchen oder nicht, was Sie auch jederzeit mit Ihrem Arzt besprechen sollten und sofern vorhanden, ihm dann auch Ihre Sorgen oder Ängste dazu mitteilen!

Antidepressiva bezeichnen wir häufig auch als Psychopharmaka, zumindest sind sie in dieser Gruppe zugeordnet, was wiederum erst einmal nichts Schlimmes ist, denn auch Schlaf- und Beruhigungsmittel gehören dazu. Diese allerdings können ebenfalls süchtig machen, wenn diese über einen längeren Zeitpunkt eingenommen werden.
Darum steht ja auch fast auf jedem Arzneimittel drauf, wie lange man ein Medikament höchstens einnehmen darf oder sollte und man sich immer bei dem jeweiligen Arzt vergewissern sollte.

Vorrübergehend können solche Mittel solange eingesetzt werden, bis die eigentlichen Antidepressiva ihre Arbeit allein verrichten können, die dann vereinzelt und in schwacher Dosierung nicht selten sogar über Jahre genommen werden.

Wenn Sie Antidepressiva hören, dann werden sie auch schnell feststellen, dass es unzählige Medikamente und Sorten gibt und nicht jeder Patient die gleiche Sorte erhält.
Jeder Betroffene braucht das Medikament, dass ihm am besten hilft und was vor allem am besten in seiner Phase wirkt.

Das ist wieder ein Punkt, der nicht selbstverständlich ist, denn so individuell die Krankheit und die Menschen sind,

110

so unterschiedlich wirkt es auch. Während ein Patient glücklich und zufrieden mit seiner verordneten Arznei ist, so kann ein anderer Patient vielleicht überhaupt nichts merken oder spüren.

Hierbei redet man gerne von einer Standarddosierung, die vorher in einigen Studien ermittelt worden ist. Da der Typ Mensch sich aber nicht standardisieren lässt, kann es auch vorkommen, dass eine Arznei überhaupt keinen Erfolg mit sich bringt.

In solch einem Fall ist es zum einen notwendig, dass der Arzt relativ schnell diese Information bekommt und er zum anderen dann ein anderes Antidepressivum, eben mit einem anderen Wirkstoff verschreibt.

Denken Sie bitte stets daran, Ihr Arzt ist und bleibt ein wichtiger kompetenter Ansprechpartner, der Ihnen in der Regel immer weiterhelfen will und wird.

Er kann nicht wissen, wenn das Medikament bei IHNEN versagt und weiß auch nichts von den eventuell auftretenden Nebenwirkungen, das müssen SIE ihm schon selbst mitteilen!

Genauso wie Sie ihm mitteilen müssen, wenn Sie auch noch andere Medikamente einnehmen und SIE im Glauben sind, die wären nur harmlos oder wie auch immer.

IHR Arzt muss diesbezüglich alles wissen, damit verschiedene Wirkstoffe sich nicht beißen und Ihr Körper dadurch auch nicht überbelastet wird.

Trotzdem hören wir immer wieder von Patienten, die doch süchtig geworden sind, was dann aber sicher nicht allein an den Antidepressiva gelegen hat. Meistens haben Patienten dann noch ganz andere Medikamente verordnet bekommen, die diesen Betroffenen halt helfen sollen.

Dabei steht die Hilfe auch erst einmal vorsorglich im Vordergrund.

Viele Menschen nehmen nicht gerne Medikamente, was auch gut ist, sofern sie halt nicht ärztlich verordnet wurden. Doch der Patient muss halt ganz ehrlich sein zu seinem Arzt, damit keine falschen Medikamente verschrieben werden und noch einmal die Erinnerung, Sie können alles mit Ihrem Arzt dann auch besprechen.

An dieser Stelle will ich SIE nun noch einmal erneut fragen, ob Sie eigentlich gesund werden wollen?

Sollten Sie diese Frage jetzt verneinen, dann nehmen Sie bitte dieses Buch und entsorgen Sie es sofort in Ihrem Mülleimer oder dem Papiercontainer.

Für mich würde sich dann nur die Frage stellen, warum Sie es überhaupt erst in die Hände genommen haben? Wenn Sie die Frage allerdings bejahen, sollten Sie sich nicht viele Gedanken machen, sondern offen und ehrlich mit Ihrem Arzt reden und hören, was er mit Ihnen vorhat und was er Ihnen verschreiben möchte.
Sie brauchen sich deswegen weder zu schämen, geschweige denn zu glauben, bald gehören Sie zu den Junkies, die nicht mehr klar denken können.
Das wäre dann so wie die Geschichte mit der Spinne, die aus der Yuccapalme kroch ...

Diese Medikamente können IHNEN helfen, gesund und vor allem wieder alltagstauglich zu werden.

Nicht selten passiert aber etwas ganz Kurioses, denn SIE selbst merken anfangs überhaupt nicht, dass es Ihnen schon besser geht, während Ihr Umfeld aber schon positive Veränderungen an Ihnen bemerkt.

Natürlich kann Ihnen Ihr Umfeld nicht in die Seele schauen, aber die kriegen dann meist schon mit, wenn Sie wieder besser schlafen oder sich auch Ihr Appetit oder die Laune verändert.

In solch einem Fall ist es nur eine Frage der Zeit und auch SIE selbst werden diese Veränderungen dann bald bewusst spüren.

In der Regel sagt man, dass ein Antidepressivum etwa zwei bis vier Wochen benötigt, bis es einigermaßen angeschlagen hat.

Aus Erfahrung muss ich aber auch sagen, dass dieser Zeitraum oft vergessen oder verdrängt wird und einige Menschen das Medikament dann schon vorher selbst absetzen, weil sie ganz einfach glauben, es würde ihnen sowieso nicht helfen.

Ein fataler Irrtum, denn so macht man sich das Leben nur noch schwerer und der Letzte, der dann die Schuld zugewiesen bekommt, ist der Arzt, der dafür überhaupt nichts kann.

Es liegt wohl an der üblichen Veranlagung eines Menschen, dass wir meistens in vielen Lebens- und Alltagssituationen einfach viel zu ungeduldig sind und annehmen, diese Medikamente wären genauso wie Schmerztabletten, die wiederum relativ schnell Wirkung zeigen.

Wichtig ist auch, dass Sie wissen, dass solche Medikamente, wie im Übrigen jedes Arzneimittel, dass Sie verschrieben bekommen, Nebenwirkungen haben kann. Ich empfehle deshalb jedem Patienten, auch mal den Beipackzettel zu lesen, der bei den meisten

Menschen auf völliges Desinteresse stößt, aber nur so kann man diese dann auch wissen, kennen und bei Bedarf reagieren.

Sicher kenne ich auch die vielen Aussagen von den Menschen, die glauben, wenn man einmal den Beipackzettel liest, bekommt man eventuell noch mehr Angst, allerdings ist es immer ratsam, sich selbst mit seiner Krankheit vollkommen auseinanderzusetzen und alles Erforderliche zu wissen.

Wenn ein Patient im Krankenhaus liegt und operiert werden muss, wir vorab auch die gesamte Operation mit dem Arzt besprochen, der in der Regel dann auch alles aufführt, was schief gehen kann. Nichts anderes ist es mit einem Beipackzettel.

Wenn Sie nun schon eine geraume Zeit Ihr Medikament immer brav eingenommen haben und sich nun wohler fühlen, dann ist das wunderbar und sollte SIE ganz sicher erfreuen.

Es sollte SIE aber grundsätzlich **niemals** dazu ermutigen oder ermächtigen, Ihre Arznei einfach selbst abzusetzen oder auch an der Dosierung zu arbeiten.
Generell müssen SIE mit dem Arzt über alle Schritte reden, der allein entscheidet, was Sie diesbezüglich machen müssen, damit es nicht plötzlich und unerwartet zu einem Rückfall kommt, der dann unter Umständen alles kaputt macht und vielleicht auch noch viel schlimmer wird.

In der Regel sagt man, dass bei Abklingen der Symptome die jeweiligen Medikamente noch teilweise bis zu neun Monaten eingenommen werden müssen und erst danach

langsam reduziert werden können, um dann wiederum langsam aus dem Körper auszuschleichen.
Das alles kommt aber immer auf das eigentliche Medikament an und deshalb mein Ratschlag an SIE, fragen SIE bitte Ihren Arzt!

Wenn Sie sowieso in regelmäßiger Behandlung bei einem Facharzt sind, dann wird Sie Ihr Arzt automatisch auf Ihre Medikamente ansprechen und alles weitere regeln.

Je nach Schwere einer Krankheit werden Antidepressiva unter Umständen über viele Jahre genommen, selbst wenn man schon wieder voll im Berufsleben steht und auch ansonsten wieder völlig aktiv zu sein scheint.
Dieses wird dann gerne unterstützend verordnet, damit SIE auch weiter im Leben, im Alltag und im Beruf stabilisiert sind und es vor allem auch bleiben.

Weiter möchte ich gerne noch auf eine ganz wichtige Gruppe eingehen, die sich dafür entschieden hat, nur pflanzliche Sachen einzunehmen.

Gerade bei leichten Erkrankungen wird nicht selten sehr gerne auf Johanniskraut verwiesen, welches ja auch eine beruhigende Wirkung haben soll. Dagegen ist auch erst einmal nichts einzuwenden, allerdings sollte auch dieses Präparat dem Arzt mitgeteilt werden, denn was viele nicht wissen ist die Tatsache, dass auch pflanzliche Arzneimittel erhebliche Nebenwirkungen haben können! Sie gelten also nicht immer als so harmlos, wie wir sie gerne sehen oder was wir darüber gehört haben und gerade bei Schwangerschaften sollte man sowieso grundsätzlich **alles** mit dem Arzt besprechen.

Letzten Endes bestimmen sowieso SIE selbst, ob SIE sich helfen lassen möchten oder nicht. So wie mit den Zahnschmerzen, Sie können einen Zahnarzt aufsuchen, müssen es aber nicht. Bis die Schmerzen ins unerträgliche gehen, denn spätestens dann gehen Sie ja doch hin.

Nichts anderes ist es jetzt, Sie können sich weiter einreden, es geht alles wieder von allein weg und nur SIE haben in allen Punkten die völlige Erfahrung.

Bis es unter Umständen zu spät ist und spätestens dann fangen SIE vielleicht wieder an, an mich und dieses Buch an zu denken.

Ich rede aus Erfahrung!

Burnout und Depressionen

Wie schon angedeutet, kann ein Burnout auch zu einer schweren Depression führen. Vor allem ist die Gefahr sehr hoch, wenn SIE jetzt nicht reagieren und auf sich aufpassen.

Doch was ist eigentlich eine Depression und wie spüre ich sie?

Die Depression ist inzwischen eine sehr schwere und stark ausgebreitete Krankheit geworden, die leider genauso wie Burnout von vielen unter uns nicht nur auf die leichte Schulter genommen, sondern auch erheblich unterschätzt wird. Da sie, genauso wie auch Burnout, in den unterschiedlichsten Formen vorkommt, wird sie von den vielen Betroffenen auch sehr unterschiedlich erlebt und auch hier ist unbedingt ärztliche Hilfe erforderlich. Alleine schon aus dem Grund, da viele Betroffene nicht selten Suizidgedanken entwickeln.
Das können manchmal nur seltene Gedankenspiele sein, gelegentlich sind es aber auch sehr stark ausgeprägte Todeswünsche, wo dringend Hilfe für den Betroffenen erforderlich ist.

Früher wurde die Depression auch gerne als Melancholie bezeichnet.
Millionen Menschen haben schon unter ihr gelitten und haben dabei neben unzähligen Opfern viel Leid über viele Familien gebracht.
Genauso wie Burnout, kann die Depression jeden treffen, egal ob jung oder alt, Frau oder Mann, reich oder arm.

Viele Mitmenschen machen sich darüber sogar immer noch lustig, ohne die eigentlichen Hintergründe oder Tragödien der einzelnen Menschen zu kennen. Dabei ist es relativ normal, dass ein jeder von uns sich schon mal mit einer Depression auseinandersetzen musste, bewusst oder auch unbewusst.

Denken wir nur einmal an die erste große Liebe. Als sie vorbei ging, trauerte jeder in sein Kopfkissen, der eine vielleicht etwas kürzer, der andere dafür aber wesentlich länger.

Die einen verschlossen sich komplett und brauchten Zeit um darüber wegzukommen, während andere sich schnell davon erholten.

In beiden Fällen bekam man aber spätestens zu diesem Zeitpunkt das erste Mal ein depressives Tief. Während die einen so etwas relativ leicht von sich schütteln konnten, brauchten wiederum andere sehr lang dafür oder haben es bis heute sogar nicht verwunden und es hat sich im eigenen Körper festgesetzt.

Wie viele Menschen waren sogar so stark verletzt und wollten sich zu diesem Zeitpunkt sogar das Leben nehmen?

Vor allem, wie viele haben es tatsächlich getan?

Wenn man den Zahlen glauben schenken darf, stellt allein die Depression demnach für über 67 Millionen Menschen eine Behinderung in der Form dar, dass die Lebensqualität der einzelnen Betroffenen stark herabgesetzt ist. Wenn man nun weiter noch die These berücksichtigt, dass sich Menschen mit Depressionen rund fünfzehnmal häufiger das Leben nehmen und die Hälfte der Erkrankten schon einen Suizid versuchen, müssen wir mittlerweile verstehen, welch großer Leidensdruck bei den Betroffenen herrscht.

Depressionen sind ganz sicher keine eingebildeten Leiden, sondern meist tatsächlich schwere, immer wiederkehrende Tiefs oder chronische Erkrankungen, die auf jeden Fall immer behandlungsbedürftig sind. Ähnlich gelagert wie bei einem Grippekranken, zieht sich der depressive Mensch immer mehr von seiner Umwelt zurück.

Bei einem Grippekranken ist das wiederum sehr vernünftig, allerdings stößt der depressive Kranke in seinem Umfeld auf völliges Unverständnis. Depressive Menschen leiden häufig unter massiven Selbstvorwürfen, die mit extrem starken Minderwertigkeitskomplexen gekoppelt sind und dazu führen, dass der Betroffene sich vollkommen von der Außenwelt abkapselt.

„Lass dich nicht so hängen" oder „Stell dich nicht so an" wird dann von dem Umfeld oder Außenstehenden schnell gesagt ohne zu wissen, was den depressiv Kranken wirklich belastet und meistens möchten diese sich auch nicht dazu äußern. Es ist falsch, einem Betroffenen zu sagen, dass er sich doch mal zusammenreißen soll. Solche Aussagen verschlimmern seinen Zustand nur noch unnötig. Der Betroffene ist nämlich nicht unwillig, er ist durch diese Krankheit einfach nur handlungsunfähig.

Genau das ist auch der erste Punkt, der es allen Beteiligten am aller schwierigsten macht. Wenn ein Betroffener nicht reden möchte oder auch über das Problem nicht reden kann, dann ist hier schon der Anfang vom Ende gemacht. Da nützt es auch nichts, wenn Sie einem depressiv kranken Menschen einreden wollen, es gehe ihm doch gut, indem Sie ihm sein Leben und alles was er hat aufzählen. Wenn das so wäre, dann wüsste er es am besten, denn nur er kann in seinen Körper schauen,

Sie nur davor! Der Betroffene kennt sein Leben am besten, denn nur er kann in sein Wohnzimmer schauen und kennt seinen Tag rund um die Uhr.

Vor allem muss man dabei bedenken, dass nicht selten auch familiäre Probleme eine ganz große Rolle spielen können, obwohl das Umfeld im Glauben ist, es sei alles super in Ordnung. Wir können generell jedem Menschen grundsätzlich immer nur vor den Kopf schauen und niemals hinein und werden sehr oft von Schauspielern geblendet. Nicht umsonst ist auch die Zahl von häuslicher Gewalt so stark angestiegen.

Und woher sollen daher dann auch die Ärzte, Familien und Mitmenschen wissen, was mit einem depressiven Menschen los ist, wenn dieser nicht den Mund aufmacht und nicht reden möchte?

Es nützt auch gar nichts und schadet eher mehr, wenn Sie einem Betroffenen dann Ablenkungsvarianten oder irgendwelche netten Vergnügungsmöglichkeiten anbieten, einreden oder empfehlen wollen. Der depressive Patient befindet sich in einem Zustand, wo er sich gegenwärtig an nichts erfreuen kann. Für den Kranken entsteht dadurch ein zusätzlicher Druck, der ihn nur noch mehr deprimiert und wodurch er noch mehr Schuldgefühle bekommen kann, weil er oft niemanden enttäuschen will, gleichzeitig aber einfach nicht anders kann.

Sie brauchen jetzt auch nicht in den Urlaub fahren und denken, damit würde erst mal alles besser. In einer fremden Umgebung fühlt sich ein depressiv Betroffener auch nicht wohl und seine inzwischen aufgebaute Kontaktschwäche würde ihn nur noch mehr runterziehen und auch isolieren. In so einem Zustand will man einfach an nichts teilnehmen und nur seine Ruhe haben, wofür natürlich gerade die Familienmitglieder meistens gar kein Verständnis haben. Immer wieder wird dann sogar in einzelnen Fällen versucht, dem Betroffenen die Krankheit auszureden.

Noch schlimmer, vereinzelt will man den Kranken sogar mit seinen Reaktionen beherrschen, in dem man ihn dauernd kontrolliert und kritisiert.

Die Folgen sind dann einfach zu beschreiben, denn weder die Familie, noch die Freunde haben für das Verhalten des Betroffenen das richtige und nötige Verständnis und nabeln sich im schlimmsten Fall sogar ab und verlassen diesen.

Auch wenn es Ihnen schwerfallen wird, aber zeigen Sie für die Gemütslage eines kranken Menschen stets Verständnis. Teilen Sie ihm das offen und ruhig mit und reden Sie abwechselnd über ihre Gefühle, Gedanken und Wünsche, ohne jemanden zu etwas zu drängen. Tauschen Sie sich in allem aus und hören Sie stets ohne große Unterbrechung zu. Es ist ein sehr großer Schritt und ein sehr großer Vertrauensbeweis in Sie, wenn sich Ihnen ein betroffener Mensch offenbart. Machen Sie niemals über die gemachten Aussagen irgendwelche Witze oder versuchen Sie auch nicht, es herunter zu spielen.

Nehmen Sie die Aussagen unbedingt so an, wie Sie Ihnen auch zugetragen wurden. Wer krank ist, macht generell keine Späße und manches wird einem dann auch nicht umsonst erzählt. Da können uralte Erinnerungen aus einer längst vergessenen Zeit oder Vergangenheit die Auslöser sein, was Sie vielleicht tatsächlich schon längst vergessen oder verdrängt hatten, aber den depressiven Erkrankten nun zu dieser Zeit überaus schwer belasten.

Deshalb ist es wie bei Burnout genauso wichtig, dass sich ein Betroffener auf jeden Fall in ärztliche Behandlung geben sollte. Das ist zu meist ein schwieriges Unterfangen, denn der Betroffene hält sich für gar nicht krank und man wird bei ihm auf Widerstand stoßen. Unter Umständen haben sie auch einfach nur Angst davor, sich erneut öffnen zu müssen, denn ansonsten kann ja auch kein Arzt viel ausrichten und irgendetwas müssen wir ja schließlich erzählen. Gute Ärzte sind allerdings darauf vorbereitet und kennen sich mit diesen Beschwerden aus, so dass sie sehr bedacht und mit Gefühl an die Sache herangehen und dem Patienten auch seine Zeit lassen. Meist sehen es die Betroffenen zwar ein, aber schämen sich halt nun für ihre momentane Lage, was ebenfalls absolut verkehrt ist. In so einem Fall kann man auch ruhig mal darüber nachdenken, eventuell in Begleitung zum Arzt gehen.

Haben Sie an dieser Stelle schon sehr viele Ähnlichkeiten oder Parallelen zu sich selbst entdeckt?

Dann heißt das jetzt nicht, dass SIE depressiv erkrankt sein müssen, aber Sie können es noch werden, vor allem wenn SIE nicht handeln.

Burnout ist und kann der Anfang einer schweren Depression werden.

Sie müssen einfach wissen, dass Ihre momentanen Gefühle das Normalste auf der Welt sind, wo Ihnen ein kompetenter Arzt mit Sicherheit auch sehr gut drüber hinweghelfen kann.

Der Hausarzt ist oftmals mit dieser Situation vollkommen unverschuldet überlastet, was nämlich sehr oft allein damit zusammenhängt, dass ein Patient nicht gleich alles und offen darlegt und die momentanen Beschwerden verharmlosen will.

Hat der Hausarzt auf der einen Seite schon sowieso immer weniger Zeit für seine Patienten, so muss er nun relativ schnell abschätzen, was dem kranken Menschen wirklich fehlt. Dadurch passiert es in vielen Fällen natürlich, dass der Arzt mangelhafte oder gar falsche Hilfe anbietet oder verschreibt, ohne dass man ihm dafür überhaupt einen Vorwurf machen kann.

Woher soll er es denn auch wissen?

Ein Arzt kann im Allgemeinen schon sehr viel, aber er kann nicht zaubern und auch keine Gedanken lesen. Wie Burnout, ist auch eine Depression eine massive Gefühlsbewegung, die gerade am Anfang unter anderem oftmals auf den Magen schlägt. Die Betroffenen wissen das, aber sie wissen auch oftmals schon viel mehr, nämlich sehr oft sogar den Grund für die ganzen Beschwerden, aber darüber wollen sie meist nicht reden. Also sagen sie zum Beispiel dem Arzt nur, dass sie es mit dem Magen haben, der wiederum daraufhin diagnostiziert und verschreibt.

Noch einmal!

Würde man seinem Hausarzt gleich sagen, dass man eine große Belastung verspürt, die einen quält und zurzeit ziemlich hinunterzieht, würde dieser sofort wissen, dass es sich erst mal um Burnout oder eine depressive Episode handeln kann und er könnte dann sofort richtig handeln. Ich muss an dieser Stelle auch bestimmt nicht erwähnen, dass ein Arzt grundsätzlich der Schweigepflicht unterliegt, so dass kein Patient auch nur im Geringsten befürchten muss, dass das eigentliche Problem bald jeder kennen würde.

Doch genau dieser Punkt ist nicht der Wichtigste, sondern vor allem auch der Schwierigste, weil sich ein Betroffener vor einem anderen Menschen öffnen muss und ich kann es nur immer wieder betonen, tun Sie es. Sie können nur adäquate und zeitnahe Hilfe bekommen, wenn Sie sich jemanden in dieser Fachrichtung anvertrauen. Dazu gehören nicht nur die Psychiater, sondern natürlich auch die Psychotherapeuten und Psychologen.

Und ab hier fangen jetzt wieder ganz unterschiedliche Gruppen an weiterzulesen. Die meisten werden jetzt wieder sagen, soweit ist es ja nun bei mir doch noch nicht, dass ich jetzt schon zum Psychofuzzi muss. Andere Menschen sind da vielleicht schon einen Schritt weiter und vor allem vernünftiger und wissen deshalb, dass diese Psychofuzzis sich mit diesem Fachgebiet sehr gut auskennen.

Hier geht es auch längst nicht mehr um eine Imagefrage, sondern viel wichtiger ist doch, dass diese Fachärzte die nötigen und überaus richtigen Medikamente verschreiben können und über eine wichtige entsprechende Berufserfahrung verfügen, die dem ein oder anderen schon viel weiterhelfen kann. Ich gehe sogar noch einen Schritt weiter und sage, diese Behandlungen können Leben retten und viele Leben wieder lebenswert gestalten.

Natürlich nicht ohne IHRE Mithilfe und auch nur, wenn SIE das wollen!

Viele Betroffene sind ja der Meinung, sie sind die einzigen, die so ein „großes" und einzigartiges Problem haben und steigern sich deshalb noch mehr in ihre Gefühlslage hinein.

Damit verschlimmern sich aber nicht nur die eigentlichen Probleme, sondern auch automatisch die ganzen damit verbundenen Nebenwirkungen. Schlafstörungen, Angst, Appetitmangel, Magen-Darm-Probleme, sexuelle Probleme, Konzentrationsschwierigkeiten, Motivationsmangel, Antriebslosigkeit, Traurigkeit, Selbstanklagen, Schuldgefühle, allgemeine körperliche Beschwerden, ständiges Schwarz- oder Grausehen, Unentschlossenheit, Interessenlosigkeit, Gewichtszu- und auch Abnahme und natürlich die Reizbarkeit nehmen deutlich zu.

Vergessen Sie bitte nicht, auch Burnout ist in vielen Dingen eine reine Kopfsache.

Fachärzte können grundsätzlich immer aus Erfahrung reden und Ihnen durch viele Vergleichsfälle auch die ein oder anderen Sorgen nehmen. Profitieren Sie von den Erfahrungen anderer Menschen durch diese Ärzte oder vielleicht auf Ihren Wunsch auch in vielen Selbsthilfegruppen.

Allerdings geht das alles nur, wenn man sich zum einen öffnet und zum anderen die Hilfe auch annimmt.

In solch einer schwierigen Krankheitsphase entwickeln Betroffene meist einen gewissen Selbstschutz und ziehen sich komplett aus dem normalen Leben zurück. Dabei ist es gerade in dieser Zeit für alle Betroffenen sehr wichtig, dass man diese gesamten Blockaden sehr ernst nimmt.

Sie müssen sich also eine intensive Pause gönnen und sich entlasten. Sie müssen einen Gang runter schalten, damit Sie alles wieder ein wenig lockerer sehen können, aber nach Möglichkeit mit Hilfe, denn Sie sollten das nicht mit sich selbst ausmachen.

Sie wissen doch jetzt, dass selbst die unmöglichsten Ursachen die Auslöser für Ihren gegenwärtigen Zustand sein können.
Mobbing, Verlustangst, Kindesentzug, Tod, Scheidung, Trennung, Überforderung, Selbstzweifel, finanzielle Probleme, Schockerlebnisse, etc., es sind so viele Gründe, die bei IHNEN schmerzhaft Spuren hinterlassen haben können und Sie nun wesentlich belasten.

Es geht schon lange nicht mehr darum, dass SIE plötzlich nicht mehr stark genug sind und nun auf einmal zu den Schwachen gehören. Ich wiederhole mich auch hier wieder gerne, niemand ist vor dieser Krankheit so sicher, als das es einen nicht auch selbst erwischen kann. Wie man dann damit umgeht, dass ist eine andere Sache.

Es gehört schon fast zu unserem Naturell, dass wir bis auf wenige Ausnahmen, Probleme in uns reinfressen wollen und reagieren dann bei nächster Situation oder Gelegenheit nicht selten mit einem heftigen Gefühlsausbruch.

Die Entschuldigung ist auch dann schon fast immer die gleiche, denn wir werden uns bewusst, dass durch uns ein Fass zum Überlaufen gebracht wurde.

Aber ich frage hier wieder deutlich, warum?

Solche Schritte sind doch so einfach zu bewältigen, wenn wir doch nur anfangen würden grundsätzlich das zu sagen, was uns belastet oder uns nicht guttut.

Warum machen wir das dann nicht?

Wir bekommen kein Geld aus Hollywood und werden nicht für Schauspielerei bezahlt. Wir haben jedes Recht darauf, unser Leben so zu leben, wie wir es wollen, nicht wie andere uns darin gerne sehen würden. Wir sollten in der Lage sein zu bestimmen, wie, wann und mit wem wir unsere Zeit verleben möchten und uns dabei nicht nachdem richten, was andere für uns lieber sehen würden oder wie sie damit umgehen. Vielleicht klingt es jetzt für Sie sehr arrogant, wenn ich sage, unser Leben darf so gelebt werden, wie wir uns darin wohlfühlen. Mich persönlich interessiert es grundsätzlich überhaupt nicht, was andere Menschen über mich denken oder wie sie mich sehen. Warum auch, was habe ich denn mit den Menschen zu tun, die nicht Teil des Lebens sind, wozu ich sie selbst eingeladen habe?

Das Denken in den Köpfen der Menschen gab es schon immer und das wird sich auch nie ändern, also warum sollten wir es deshalb auch nur ansatzweise versuchen? Menschen denken, Menschen reden und so wird es immer sein, aber wie wir selbst damit umgehen, das entscheiden wir ganz allein.

Die Musikgruppe „Die Ärzte" hat mal ein Lied herausgebracht mit dem Titel „Lasse reden", ein Lied, welches ich persönlich sehr gerne empfehle, denn der Text passt einfach immer in das Leben.

Wir dürfen uns nicht damit belasten, was andere von uns denken, was sie meinen oder was sie zu erzählen haben. Jeder sollte stets vor seiner eigenen Tür kehren und nur wir allein entscheiden jeden Tag, mit wem wir ein freundliches Gespräch führen möchten und mit wem nicht. Ob wir nun deshalb als arrogant angesehen werden oder nicht, wie gesagt, es sollte uns einfach nicht interessieren.

Wenn wir uns vor einen Spiegel stellen, sehen wir den wichtigsten Menschen überhaupt und kein anderer Mensch kann und wird uns unser Leben abnehmen können. Wir müssen lernen uns selbst zu gefallen und uns so anzunehmen, wie wir sind. Wir dürfen uns nicht in Rollen reindrängen lassen, die uns nicht guttun und wo wir uns auch überhaupt nicht wohlfühlen. Wir sind, wie wir sind und dafür gibt es sehr viele Gründe, ganz abgesehen von unserer Vergangenheit und den vielen Erfahrungen, die ein jeder machen durfte oder auch machen musste. Also brauchen wir uns auch niemals zu verbiegen, schon gar nicht, um jemanden zu gefallen. Wer uns nicht leiden kann, soll es sein lassen, dafür gibt es dann andere Menschen.

Kurzum, wir müssen mehr auf uns selbst hören und dafür sorgen, dass unser Selbstvertrauen und vor allem auch ganz wichtig, unser Selbstbewusstsein auf einem hohen Niveau sind und bleiben.

Dabei muss sich jeder Mensch im Kopf klarmachen, dass vieles davon nur mit Ehrlichkeit und Offenheit geht und so ist es auch mit der Situation, wenn es Ihnen nicht gut geht.

Wenn Sie in eine Scherbe getreten sind und Ihr Fuß blutet, dann gehen Sie ja auch nicht zum Arzt und sagen, Sie hätten es wahrscheinlich mit dem Magen. Da geht es plötzlich sehr genau, weil es akut und sichtbar ist, doch genauso akut ist es auch, wenn Sie sich nun in einer gefühlsmäßig schlechten Lage befinden und Sie müssen lernen, einsehen und akzeptieren, dass es sich auch bei Burnout um eine Krankheit handelt.

Überhaupt ist einfach am wichtigsten, dass Sie nicht aufgeben.

Ich weiß, dass so etwas leichter gesagt werden kann, als Sie es zurzeit vielleicht innerlich fühlen, dennoch ist es Ihnen nicht gegeben in die Zukunft zu schauen und daher wissen Sie auch nicht, wie viel Positives Sie noch erreichen wird. Sie können sich zwar alles negative einreden und damit begründen, dass es schon immer so war, es ändert aber nichts an der Tatsache, dass Sie einfach kein Hellseher sind. Und auch ein Hellseher wird Ihnen nie die Wahrheit voraussagen können, also sparen Sie sich besser solche Ausgaben.

Sie kennen weder Ihre wirkliche Lebenserwartung, noch die vielen Tage und Stunden, die Ihnen was Positives bringen können.
Sie müssen symbolisch zu einem Bergsteiger werden wollen, der wieder einmal einen hohen Berg besteigen will.
Dieser Bergsteiger wird zunächst alles genauestens planen und sich dann auf den Weg machen, um irgendwann ganz oben auf der Spitze zu stehen.

So wie **SIE** das jetzt auch können.

Der Bergsteiger wird auch nicht gerade hochlaufen und klettern können, sondern muss einige Male nach rechts oder links ausweichen und unter Umständen auch mal zurück gehen.

Das ist nämlich auch symbolisch für IHRE Zeit, denn nur in den seltensten Fällen läuft immer alles ganz problemlos.

Nein, es wird ganz sicher auch mal Tage geben, die Sie wieder zweifeln lassen und vielleicht sogar auch Momente, wo Sie alles hinschmeißen wollen.

Letztlich müssen Sie aber lernen, dann auch mal nach hinten zu schauen, denn grundsätzlich wird es schon nach kurzer Zeit große und kleine Erfolge geben, die Sie nie vergessen sollten und vor allem nicht werden.

Sie sind in der gleichen Lage wie der Bergsteiger, der zwar alles geplant hat, aber letztlich nicht wissen kann, welche natürlichen Schwierigkeiten unterwegs auf ihn zu kommen. Allerdings war oder ist er auf so etwas sicherlich vorbereitet und geht dann einfach an einer anderen Stelle weiter nach oben.

So wie **SIE** auch, denn wenn es solche Tage gibt, wo Ihnen einfach mal wieder alles zu viel ist oder wird, dann werten Sie diese Zeiten nicht als Rückschläge.

Es geht ganz sicherlich weiter und Sie müssen einfach lernen, dass eine Krankheit auskuriert werden muss und auch das eine ganz große Anstrengung sein oder werden kann. Selbst wenn Sie das nicht immer sehen oder einschätzen können, aber Menschen, die es bereits geschafft haben, die können das sehr gut.

Ich weiß, wie einfach das hier alles geschrieben steht und sich das anhört, aber ich rede aus Erfahrung und kenne inzwischen viele andere Schicksale, die vielleicht noch viel tiefer unten waren und die auch an der gleichen Stelle waren, wie SIE jetzt vielleicht selbst sind.

Wenn Sie an Burnout erkrankt sind, ist es wichtig, dass Sie diese Krankheit auch selbst anerkennen und annehmen. Es gibt keine schönen oder schlechten Krankheiten und schon gar nicht kann man sich eine Diagnose aussuchen. Eine Krankheit bleibt nun mal eine Krankheit, die Ihren Körper aufgesucht hat und in irgendeiner Form lähmt oder einschränkt. Wehren Sie sich nicht dagegen, denn je früher Sie sich endlich mit allem auseinandersetzen, desto schneller können Sie auch dagegen angehen und sich helfen lassen.

Überaus wichtig hierbei ist vor allem, dass Sie sich Ihren direkten Mitmenschen gegenüber öffnen. Ihre Familie, Ihre Freunde sind ganz wichtige Personen, die es nicht nur verdient haben, dass man ihnen die Wahrheit erzählt, sondern die auch nur dann das nötige Verständnis für Sie aufbringen können, wenn sie ehrlich wissen, was Ihnen fehlt und wie es Ihnen wirklich geht.

Unterlassen Sie gerade bei diesen Menschen eine gewisse Schauspielerei, denn das hat niemand verdient, denn oft können Menschen dankbar sein, dass sie solche Partner und Stützen an ihrer Seite haben.

Suchen Sie auch nicht den Trost im Freund der Flasche, nämlich dem Alkohol. Jedes Kind weiß inzwischen, dass sich damit höchstens was verschieben, aber halt nicht lösen lassen wird. Außerdem kann so etwas dann auch nach hinten losgehen und Ihre Symptome könnten durch das Trinken noch verstärkt werden. Gerade wenn Sie auch noch Medikamente einnehmen, sollte diesbezüglich sowieso sehr darauf geachtet werden, da verschiedene Medikamente dann nicht mehr die volle Wirkung haben können.

Und gehen Sie vor allem jetzt nicht in sich und denken sich insgeheim, wie schlecht es Ihnen nun ergeht und wie hoffnungslos alles geworden ist.

Das können Sie nämlich nur bedingt, denn Sie wissen gar nicht, was andere Menschen schon auf sich genommen haben oder durchleben mussten und auch diese Leute haben niemals aufgegeben.

In Indien gibt es der Erzählung nach, einen ganz großen Baum, auf einem schwer zugänglichen Hügel, wo die Menschen ihre Sorgen an den Baum hängen können und dafür aber eine andere Sorge entnehmen müssen, die sie auch erst wieder zuhause lesen dürfen. Und es ist wohl sehr oft vorgekommen, dass die Menschen dann diese Sorge gelesen haben, danach sofort wieder zu dem Baum gereist sind, um ihre Sorge wieder vom Baum zu nehmen und die entnommene Sorge wieder dranzuhängen. Nach dem Motto, meine Sorge war doch nicht so groß, wie die, die man eben von anderen Menschen gelesen hat.

Wir leben heutzutage leider in dieser Schiene, wo das Materielle und der Schein nach Außen einen viel zu großen Stellenwert eingenommen hat. Mein Haus, mein Boot, mein Schaukelpferd, wird in unserem Land viel zu hochgejubelt. Früher war man sogar verpönt, wenn man bei ALDI eingekauft hatte und heute trifft man auch dort alle Schichten.

Wir selbst sind es meist, die wir uns mit Dingen belasten, die eigentlich gar nicht sein müssten, wenn wir uns nur offen und ehrlich als Menschen akzeptieren und vor allem auch präsentieren würden.

Wir sollten lernen, jeden Menschen so zu schätzen wie er ist und nicht nach dem was er hat oder meist vorgibt zu haben. Ein Mensch, der in Ihren Augen vielleicht sehr wenig Geld hat, kann manchmal mehr haben, als einer, der sich finanziell alles leisten kann.

Wer dieses jetzt für sich wirklich bejahen kann, hat schon einen sehr großen Druck von sich geworfen, denn nicht umsonst entstehen so zusätzlich überaus viele psychische Belastungen und das alleine nur des lieben Geldes wegen. Es wird gearbeitet auf Teufel komm raus, teilweise sogar bis zum Umfallen und das in sämtlichen Schichten, nur damit man sein Haus, den großen Wagen und was auch immer noch wichtig zu sein scheint, repräsentieren kann. Doch mal ganz ehrlich, hat das alles etwas mit dem tatsächlichen Glücklichsein zu tun?

Ich kann Ihnen die Frage nicht beantworten, dass müssen Sie schon selbst tun, denn Sie bestimmen ganz allein, was für Sie am wichtigsten ist.

Wenn Sie sich zurzeit monatlich krumm und buckelig arbeiten, nur um die laufenden Kosten auch abdecken zu können, dann könnte ich Ihnen persönlich die Frage sehr leicht beantworten.

Letztendlich entscheiden SIE aber alles allein.

Das Leben wird sich oftmals unnötig schwer gemacht. Das sehen wir auch in vielen anderen Situationen, gerade dann, wenn wir einer Sache hinterher trauern oder reden, die schon längst vorbei ist.

Nehmen Sie nur das Beispiel eines heruntergefallenen Tellers. Es ist leider das Normalste, dass viele Menschen sich darüber aufregen, dass ein Teller zu Bruch gegangen ist. Doch so sehr man sich dann auch über diese Tatsache

ärgert, der Teller bleibt nun Mal kaputt. Es kann sich ein jeder noch soviel ärgern oder darüber auch hinlänglich diskutieren, wir ändern aber nichts mehr daran.
Wir machen uns das Leben damit einfach nur schwerer.
Ganz anders sieht es mit Dingen aus, die wir ändern können, uns daran aber nicht heranwagen, aus welchen Gründen auch immer.
Von diesen Beispielen gibt es unzählige und immer wieder tappen wir mit unseren Gefühlsausbrüchen in diese hinein. Dabei ist es auch hier nur eine Kopfsache.
Ein Mensch muss einfach lernen und begreifen, dass solche banalen Kleinigkeiten uns gar nicht ärgern oder belasten dürfen, gerade weil wir es auch sowieso nicht mehr rückgängig machen können. Vor allem reden wir zumeist über Sachen, die materiell sind und mit dem eigentlichen Leben doch gar nichts zutun haben.

Es sind sehr oft unwahrscheinliche Kleinigkeiten, mit denen sich Betroffene in ihrer momentanen schwierigen Lebenssituation belasten oder befassen und glauben, es ginge nicht mehr weiter.

Und auf einmal ist man krank und steht plötzlich komplett neben sich!

Ich möchte SIE an dieser Stelle noch einmal daran erinnern, dass Burnout wirklich jeden Menschen treffen kann, der sich im privaten oder beruflichen Stress befindet, geistig oder körperlich und der sich täglich neu beweisen und behaupten muss. Dabei ist ganz egal ob im Job oder vielleicht einfach nur zuhause und wo auch immer, die ganzen Belastungen einfach zu viel geworden sind.

Wissen Sie eigentlich, warum ich mich in diesem Buch ständig wiederhole?

Bestimmt nicht, weil ich an Alzheimer leide und nicht mehr weiß, was ich bereits schon geschrieben habe. Im Gegenteil, ich weiß inzwischen aus Erfahrung, wie Menschen verschiedene Dinge lesen und kenne auch die Sorte von Lesern, die gerne Zeilen verdrängen, weil sie glauben, die würden ja auf sie nicht zutreffen oder sind einfach nur uninteressant.

Wissen Sie, warum ich mich noch ständig wiederhole?

Weil **IHNEN** vollständig **bewusst** werden muss und vor allem auch werden kann, dass **SIE** eine Vielzahl von Problemen und Belastungen lösen können, wenn **SIE** andere Sichtweisen zulassen und konsequent selbst darauf bestehen, dass es **IHNEN** persönlich gut gehen soll!

Nicht selten wird auch gefragt, wie es sein kann, dass auch Kinder schon unter Burnout leiden können und auch hier sind die Antworten sehr einfach.
Kinder haben meist noch keine Erfahrungen, auf die sie zurückgreifen können und sind nicht selten auch sehr sensibel, wenn es um negative Emotionen geht.
Das fängt meist schon in der Schule an, dass man einfach nicht den Anschluss bekommt, sei es von dem Lehrstoff oder aber von den Schulkameraden.
Mobbing in Schulen hat einen Wert erreicht, der traurig und beschämend zu gleich ist und womit ein junger Mensch erst einmal zurechtkommen muss, sofern das überhaupt möglich ist. Leider habe ich auch hier schon so viele bösartige Fälle erleben müssen, dass man es nicht begreifen kann, zu was Mitschüler alles fähig sind.

Mobbing in der Schule ist dann das eine, was schon schwer und grausam genug ist, aber wie die betroffenen Schüler dann nach der Schule damit umgehen können oder müssen, das steht dann wieder auf einem anderen Blatt Papier.

Zum einen gibt es die Eltern, die ihrem Kind zuhören und die volle Aufmerksamkeit schenken. Eltern, die daraufhin dann in die Schule gehen und vor allem die Lehrer in die Verantwortung und Pflicht nehmen, verstärkt darauf zu achten. Wobei ich auch hier leider ganz klar sagen muss, nicht jeder Lehrer ist auch ein guter Pädagoge und einige haben inzwischen selbst soviel Angst vor ihren Schülern, dass sie dann keine große Hilfe sind. Dennoch sollte man dann immer am Ball bleiben und zur Not, die Direktion oder zur allergrößten Not auch die Bezirksregierung mit ins Boot holen und informieren. Natürlich kann auch über einen Schulwechsel nachgedacht werden, was allerdings auch nicht immer so einfach ist, da die neue Schule anders zu erreichen ist und wo niemand zunächst weiß, wie es dann dort ausschaut. Was ich aber sagen möchte, es ist wichtig, dass Eltern hinter ihrem Kind stehen und nicht das Kind alles mit sich alleine ausmachen muss.

Das gilt ebenso für die vielen Emotionen, die bei einer Trennung oder Scheidung eine Rolle spielen, denn auch dadurch können Kinder unglaublich leiden.

Das Thema ist so explizit, dass ich auch hierzu ein Buch geschrieben habe, welches Sie auf meiner Seite finden können.

Sie sind, weil wir waren...
- und sie werden sein, wie wir sind! im Handel erhältlich.
ISBN 978-3-89783-841-3

Wenn Sie nämlich jetzt der Meinung sind, dass es doch völlig normal sei, dass Eltern für ihre Kinder da sind, dann irren Sie sich gewaltig. Normal ist leider gar nichts und es gibt eine hohe Zahl von Betroffenen, wo das Elternhaus, aus welchen Gründen auch immer, dafür keine Zeit oder auch kein Interesse für das Kind findet. Auch hier gibt es oft die Aussagen, *„stell Dich nicht so an"*, *„du wirst auch nicht unschuldig dabei sein"*, *„wir mussten da auch durch, das schaffst du schon"*, etc., etc... Viele Aussagen, die einem Kind nicht weiterhelfen und ein Kind alleine lassen.

Dazu kommt dann noch ein gewisser Leistungsdruck, der seit vielen Generationen besteht und leider nicht weniger geworden ist. Kinder sollen etwas erreichen, es soll ihnen ja später gut oder sogar besser gehen, als es uns heute geht und deshalb müssen sie auch dafür etwas tun. Noch schlimmer ist, wenn Eltern schon bestimmen und erwarten, welchen Beruf das Kind mal ausüben soll. Mir persönlich graut es da jedes Mal, wenn ich so etwas höre und es ist mit das Schlimmste, was Sie von einem Kind abverlangen können. Wenn ein Kind in die Fußstapfen ihrer Eltern von alleine treten möchte, dann können Sie stolz und glücklich sein, aber niemals sollte ein Kind in einen Beruf gedrängt werden, den es selbst gar nicht ausüben möchte.

Somit sind das nur zwei Beispiele von vielen, die ein Kind so sehr belasten kann, dass auch hier von einem Burnout gesprochen werden kann, wird oder muss. Von daher mein gutgemeinter Ratschlag an die lieben Eltern, lassen Sie Ihr Kind das Leben selbst entdecken und hören Sie Ihrem Kind bitte zu! Es gibt einfach viele Aussagen, die ein Kind Ihnen nicht umsonst erzählt und erfreuen Sie sich vor allem daran, dass Ihr Kind auch das Vertrauen in Sie hat, denn auch das ist heutzutage nicht selbstverständlich.

Kinder benötigen auf jeden Fall Immer ihren Freiraum und Kinder sollten auch bewusst schon mal ihre eigenen Entscheidungen fällen dürfen, wo sie dann auch selbst die Reaktionen heraussehen können.

Wichtig ist meiner Meinung nach, dass wir Kindern ein guter, ehrlicher und herzlicher Ansprechpartner sind und bleiben, wo ein Kind jederzeit weiß, dass es mit seinen Problemen und Gedanken kommen darf.

Vielleicht werden es uns die Kinder eines Tages danken.

Was ich Ihnen noch sagen möchte:

Viele Betroffene leiden in solch einer Zeit verstärkt unter sehr viel Unruhe und Ungeduld und dabei vor allem auch die Betroffenen, die ganz schnell wieder gesund werden möchten.

Schnell ist nämlich dabei immer relativ und eine derartige Krankheit muss grundsätzlich ordentlich und ausreichend auskuriert werden.

SIE denken, ICH weiß es!

Ein vielleicht nichtsbedeutender Satz für Sie, aber ein sehr aussagekräftiger Satz für mich.

Sie denken zurzeit so viel und vielleicht halten Sie noch immer dieses Buch in den Händen und denken sich insgeheim, wann es bei Ihnen nun auch Wirkung zeigt.

Dazu müssten Sie nun selbst auch wissen, wo SIE genau jetzt stehen und in welchem Zustand SIE sich befinden.

Symbolisch heißt das jetzt, wie groß Ihre Zahnschmerzen sind!
Denken Sie an das Puzzle, das ich erwähnt habe. Es liegt vor Ihnen und nun liegt es auch an IHNEN selbst, ob SIE mit diesem beginnen wollen.

Vor allem, lernen Sie mal wieder das Smartphone an die Seite zu legen oder es sogar mal auszuschalten. Früher hat es diese Technik nicht gegeben und wir konnten alle unser Leben genießen. Natürlich möchte ich den heutigen Zustand der Technik nicht missen, aber wir sollten auch hier gut überlegen, ob uns das Smartphone bereichert oder ob es uns inzwischen auch schon belastet. Wenn Sie sich mal bewusst die Zeit nehmen und Menschen zum Beispiel in einem Café beobachten, dann werden auch Sie vielleicht mal wahrnehmen, wie viele Menschen nur noch mit diesem Gerät beschäftigt sind. Ich persönlich finde es immer wieder erschreckend, wie viele Menschen sich auch nicht mehr unterhalten, weil jeder für sich nur noch mit diesem Gerät beschäftigt ist. Dazu kommt, dass viele Nachrichten, sei es beruflich oder privat, belastend sind. Teils direkt, aber es gibt auch viele Nachrichten, wo der Empfänger unter Umständen ein schlechtes Gefühl beim Lesen bekommt, obwohl die eigentliche Nachricht vom Absender gar nicht böse oder schlecht verfasst worden ist. Auch hier gibt es dann viele Betroffene, die ein schlechtes Gewissen haben, wenn sie sich nicht umgehend melden.

Das ist falsch und auch das kann krank machen!

Sie sollten tatsächlich in Erwägung ziehen, das Gerät nach Feierabend auszuschalten! Schluss, Ende, Aus, ich habe jetzt Feierabend, den möchte ich genießen und will heute nichts mehr hören oder lesen. Morgen bin ich ja wieder erreichbar und dann kläre ich alles das, was wichtig ist. Die generelle Beschäftigung seitens eines Arbeitgebers findet meistens zu einer bestimmten Uhrzeit ab und sofern Sie nicht auch für die Bereitschaft entlohnt werden, haben Sie und auch Ihr Smartphone Feierabend!

Auch das müssen Sie tatsächlich lernen!

Gerade so Nachrichtendienste per WhatsApp sind sehr gefährlich, denn auch hier kennen viele Betroffene den Umstand, dass sie in ihrer Krankheitsphase Nachrichten bekommen, die dann den jeweiligen Betroffenen dazu auffordern, sich doch mal zu melden. Nach dem Motto, ich wollte nur mal hören, wie es dir geht. Und schon ist man wieder in einem Gefühlschaos, denn wie und was antworte ich jetzt am Besten und das ich antworten muss, ist ja meist sowieso schon klar, denn was soll man denn sonst denken....

Merken Sie etwas oder finden Sie sich darin schon wieder?

Die häufigste Ausrede, dass ein Smartphone nicht Aus geschaltet werden kann, ist die Erreichbarkeit für die Kinder oder den Partner, ich weiß es und habe es schon unzählige Male am Anfang zu hören bekommen.
Doch auch hierzu gibt es so viele andere Möglichkeiten, sofern man es wirklich möchte und dann geht es auf einmal doch. Und jeder, glauben Sie mir bitte, wirklich jeder fand es hinterher befreiend und gut, dass er diesen Weg dann doch gefunden hat und einfach mal eine Pause gemacht hat.

Burnout ist eine Krankheit, genauso wie viele andere auch. Natürlich hört sich eine andere Diagnose, wie zum Beispiel Krebs, viel trauriger und schicksalhafter an, dennoch schmälert es in keiner Weise die Ihrige jetzige Phase und Krankheit, die ebenfalls einen Namen hat und Burnout heißt oder damit verbunden generell psychische Beschwerden bei Betroffenen aufzeigt.

Je früher wir gegen eine Krankheit angehen und auch die Kraft aufbringen, gesund werden zu wollen, desto eher schaffen wir das dann auch.

Wie schnell, das entscheiden Sie auf jeden Fall mit!

Deshalb lässt es sich leider auch nicht vermeiden, dass Sie konsequent Ihr Leben regeln und Grenzen abstecken.

Ein „NEIN" kann für SIE zurzeit wirklich sehr gesundheitsfördernd sein, wenn Sie es zur richtigen Zeit auch mal sagen und dabei nur an sich denken.
Lernen Sie, positive Zeiten von negativen Momenten zu unterscheiden und trennen Sie diese sehr ausführlich, denn das Negative darf grundsätzlich gegenüber dem Positiven nicht überwiegen.

Und **bitte**, sagen SIE jetzt bitte, bitte nicht, bei Ihnen gäbe es nichts Positives, **das** ist nämlich ganz sicher nicht der Fall.

Das ist nämlich nur IHRE **jetzige**, **momentane** Betrachtungsweise und das alles lässt sich ändern!

Und eigentlich habe ich dieses Buch geschrieben, damit Sie es eigentlich langsam und mit Bedacht von vorne nach hinten lesen.
Denn eigentlich müssten Sie dann „eigentlich" etwas verstanden haben. Nämlich das SIE „eigentlich" etwas tun können, wenn SIE das wirklich wollen.

Ein Wunsch ändert nichts, aber Ihre Entschlossenheit etwas ändern zu wollen, ist der erste Schritt!

Legen Sie also los und ändern Sie etwas und vor allem:

„Werden Sie wieder gesund!"

Zusammenfassend und zum Schluss sei noch gesagt, wir sollten wirklich glücklich und dankbar sein, dass es den

Begriff „Burnout" gibt und das es dieses Wort geschafft hat, so oft in den Mund genommen zu werden.

Früher kam man nicht so einfach zum Arzt und hat von einer Depression oder Angst gesprochen, aber dieses Modewort hat es geschafft etwas auszudrücken, ohne dass man sich dafür im Geringsten schämen müsste.

Deshalb auch der Buchtitel:
Zum Glück gibt´s „Burnout"

Ich wünsche Ihnen eine gute, starke Zeit und wenn SIE mal wieder Zweifel bekommen sollten, nehmen Sie dieses Buch und fangen Sie noch einmal an, es gründlich zu lesen.

Doppelt hält nämlich einfach besser!

Ihr

Mikel Marz

Burnout-Seminar

Das Burnout-Syndrom ist eine Belastungsreaktion auf chronischen Stress, sowohl am Arbeitsplatz, als auch im Privatleben.

Statistiken nach zeigen zwei Drittel aller Berufstätigen Burnout-Symptome. Wenn ein Burnout-Syndrom nicht rechtzeitig erkannt wird, entstehen sowohl hohe Kosten, als auch tiefe Depressionen für die Betreffenden.

Selbst wenn der Beruf sehr stressbelastet ist und wenn es auch in der Partnerschaft immer wieder teils sehr schwere Konflikte gibt, es gibt immer einen Ausweg aus diesen Situationen und es gibt auch sehr viele Mechanismen und Hilfestellungen, wie sich jeder Einzelne davor schützen kann, ausgebrannt zu sein. Das Seminar beinhaltet sowohl Erzählungen über Personen, die einen Weg aus der Krise gefunden haben, als auch das Aufzeigen von Symptomen des Burnout-Syndroms und das Erlernen von Bewältigungsstrategien.

Die Methoden:
Unter anderem: Schilderung von Fallbeispielen, Besprechung und Diskussion von Fallbeispielen aus der Praxis, Rollenspiele, Kleingruppenarbeiten, Entspannungsübungen, Gruppenübungen.

Anfragen stellen Sie bitte über meine Homepage.

Dazu biete ich auch viele weitere Seminare und Vorträge zu ganz unterschiedlichen Themen an, die Sie allesamt ebenfalls auf meiner Seite finden.

Meine Bücher finden Sie ebenfalls auf meiner Homepage.

Sechs Bücher davon, möchte ich Ihnen am Ende noch einmal ganz besonders empfehlen und Ihnen ans Herz legen.

Universum der ANGST – von Mikel Marz
erschienen im BoD Verlag
ISBN 978-3-73223-259-8; auch im Handel erhältlich
Ein Buch über die verschiedenen Ängste und wie Sie lernen, mit Ihren Ängsten umzugehen. Zudem hat es sehr vielen Lesern helfen können, Ängste zu verlieren.

„Schatten im Leben" – von Mikel Marz
erschienen im S.Roderer Verlag, Regensburg –
ISBN 978-3-89783-627-3; auch im Handel erhältlich
Dieses Buch beschreibt die Vielzahl von Depressionen und die damit verbundenen Suizidgedanken.
Ein guter Ratgeber für Menschen, die unter Depressionen leiden.

„Wenn die Seele zerbricht..." – von Mikel Marz
erschienen im S.Roderer Verlag, Regensburg –
ISBN 978-3-89783-617-4 ; auch im Handel erhältlich
Dieses Buch enthält neben einer wahren und schockierenden Geschichte, sehr viele Informationen zu dem Thema Mobbing am Arbeitsplatz, Depression und die verbundene posttraumatische Belastungsstörung

Suizid – Warte, bis Du gehst! – von Mikel Marz
erschienen im S.Roderer Verlag, Regensburg –
ISBN 978-3-89783-658-7; auch im Handel erhältlich
Dieses Buch erzählt, welche Ursachen einen Suizid auslösen können und warum gerade Depressionen und

Mobbing so gefährlich sind. Informationen und Ratschläge mit wahren Ereignissen.
Ein Ratgeber für Betroffene, die Suizidgedanken verspüren.

Du tust, was ich sage! – von Mikel Marz
erschienen im BoD Verlag
ISBN 9-783-8391-0903-8, überall im Handel erhältlich
Dieses Buch erzählt die tragische und wahre Geschichte einer jungen Frau, die in ihrer Ehe unmenschliche und brutale Gewalt erleben musste.
Gleichzeitig soll es den Menschen Mut machen, die sich in ähnlicher Lage befinden. Das Buch über häusliche Gewalt und Missbrauch, womit auch die Peter Maffay Stiftung mit 1.- EUR pro verkauftes Exemplar unterstützt wird.

Wenn Träume Deine einzige Hoffnung sind! – meine Autobiographie
erschienen im BoD Verlag
ISBN 9-783-7557-5359-9; überall im Handel erhältlich
Dieses Buch erzählt mein Leben, welches auch durch Schmerzen, Trauer, Höhen und Tiefen geprägt wurde und eines zeigen soll – Ich bin immer wieder aufgestanden!
Ich habe aus meinem Leben, meinen Niederlagen und meinen Schmerzen kein Geheimnis gemacht und gebe jedem Leser die Möglichkeit, mich durch dieses Werk sehr gut kennenzulernen.

www.mikelmarz.de

Notizen:

Facharztsuche:

Liste von A-Z:

A

B

C

D

E

F

G

H

I

J

K

L

M

N

O

P

Q

R

S

T

U

V

W

X,Y

Z

Anmerkungen :

Impressum :
Mikel Marz
Alle erforderlichen Daten zum aktuellen Impressum
finden Sie unter : www.mikelmarz.de
Email : marzmikel@gmail.com